Marx und Mongongo Nüsse

Die wildbeuterische Produktionsweise

Ingo von Sundahl

Danksagung des Autors

Bei der Anfertigung der vorliegenden Studie standen mir die folgenden Personen mit Rat und Tat hilfreich zur Seite. Ihnen allen möchte ich hiermit danken, in erster Linie meinen beiden Betreuern Prof. Dr. Stephan Seitz und Prof. Dr. Gerhard Spittler, meinen Fachkollegen Dr. Peter Hanser und Matthias Schlott, den Mitarbeitern des Instituts für Völkerkunde und für Soziologie der Universität Freiburg sowie der School of Oriental and African Studies, University of London. Ferner dem Bundesministerium für Bildung für das im Rahmen des BaföG gewährten Auslandsstipendiums. Last but not least, meiner Schwester Kristiane von Sundahl und meiner Frau Edith von Sundahl-Hiller für ihre Unterstützung und das Korrekturlesen.

Inhalt

1. Einleitung   Seite 4
2. San und Mbuti
    2.1.   Die natürliche Umgebung   Seite 6
    2.2.   Gebiete, Gruppen und Mobilität   Seite 8
    2.3.   Beziehungssysteme   Seite 12
3. Die Produktionsweise der Wildbeuter
    3.1.   Generelle Überlegungen   Seite 19
    3.2.   Die Produktivkräfte der San   Seite 21
    3.3.   Die Produktionsverhältnisse der San   Seite 28
    3.4.   Die Produktivkräfte der Mbuti   Seite 35
    3.5.   Die Produktionsverhältnisse der Mbuti   Seite 40
4. Schlussfolgerungen und Ausblick   Seite 45
5. Literaturverzeichnis   Seite 47

1. Einleitung

Die Menschen in Wildbeutergesellschaften lebten von der Jagd-und Sammeltätigkeit. Man fand sie vor allem in Afrika, Asien, Ozeanien und in Südamerika. Diese Gesellschaften sind von besonderem Interesse, da sie von den bisher bekannten die ursprünglichste Form menschlicher Adaption an die Umwelt darstellen.

Die vorliegende Studie hat die Wirtschaft und Gesellschaft zweier afrikanischer Wildbeutergesellschaften, namentlich die der Pygmäen in Zentralafrika und der San im Südwestafrika, untersucht. Die Betrachtung von Kulturen vom Schreibtisch aus ist keine ungewöhnliche, jedoch eine äußerst schwierige Aufgabe, denn sie beruht auf dem Vertrauen auf die wissenschaftliche Objektivität der sozialwissenschaftlichen Arbeiten, die in diesem Falle zur wissenschaftlichen Interpretationen zu Rate gezogen werden. Diese Art von Literaturanthropologie muss außerdem davon ausgehen, dass bei der Literaturbetrachtung die jeweilige Methodik und deren theoretische Grundlage bekannt sind.

In der anthropologischen Fachliteratur werden Wildbeutergesellschaften oft als egalitäre Gesellschaften charakterisiert, ohne dass der Begriff des Egalitarismus detailliert beschrieben noch analysiert wird. Egalität, so schreibt zum Beispiel Vivelo in seinem Handbuch für Kulturanthropologie, *"bezieht sich auf Gruppen, in denen die Zugangsmöglichkeiten zu lebenswichtigen Ressourcen, Gütern und Dienstleistungen ungefähr gleich sind und in denen es keine mit Zwangsautorität ausgestattete Position gibt."* [1]. Definitionen dieser Art findet man nicht selten. Das Gleichgewicht als ungefähr zu bezeichnen ist allerdings sehr vage und benötigt eine Klärung zwischen wem, in welchem gesellschaftlichen Bereich und bis zu welchem Maß es in egalitären Gesellschaften besteht. Vivelos Versuch allerdings, die ökonomische Ebene einer Gesellschaft mit ihrer politischen in Verbindung zu setzen, sehe ich als einen viel versprechenden Anfang zu einem wissenschaftstheoretischen Ansatz, der in dieser Studie darüber hinaus versuchen wird, mit Hilfe einer detaillierten Analyse des Ökonomischen, das Politische zu entschlüsseln. Diese Studie fällt somit hauptsächlich, wenn auch nicht ausschließlich, in den Bereich der ökonomischen Anthropologie. Die Bestimmung und der Nachweis des Egalitarismus wird allerdings nicht nur über die Verbindung von Wirtschaft und Politik sondern auch durch die Einbeziehung anderer Gesellschaftsbereiche angestrebt. Ein wissenschaftstheoretischer Ansatz, der die Verbindung der Ökonomie zu diesen Gesellschaftsbereichen herstellt, ist deshalb notwendig. In der ökonomischen Anthropologie stehen grosso modo die folgenden zur Verfügung: der Formalismus, der Substantivismus, kulturökologische beziehungsweise -materialistische Ansätze, der Marxismus und letztendlich der Neomarxismus. Da hier die Wirtschaft und die Gesellschaft im Zusammenhang mit ihrer politischen Ebene untersucht werden soll, wird zunächst auf die durch die Wirtschaftsweise entstehenden Kontrollstrukturen besonderes Augenmerk gelenkt, um dann anschließend zur ihrer

---

[1] 1981. S.351

Analyse im gesellschaftlichen Gewebe überzugehen. Zu diesem Zweck wird dieser Untersuchung der Neomarxismus zugrunde gelegt, denn die Aufschlüsselung der Produktionsweise ermöglicht das Erkennen von Machtkonstellationen, die in den Produktionsprozessen enthalten sind und die letztendlich die Ideologiestrukturen einer Gesellschaft bilden. Der neomarxistische Ansatz, der seine Wurzeln im Historischen Materialismus findet, versucht den Zusammenhang und die Interdependenz der ökonomischen, politischen und ideologischen Sphären einer Gesellschaft zu verstehen. Neben der Analyse der Produktionsverhältnisse und der Bestimmung der Produktionsmittel wird dem Versuch nachgegangen, die charakteristischen Formen der gesamtwirtschaftlichen Organisation und somit der Produktionsweise zu bestimmen. Die Produktionsverhältnisse sind die gesellschaftlichen Beziehungen innerhalb des Produktions- und Arbeitsprozesses, anhand derer sich die Verteilung von Produktionsmitteln und gesellschaftlichem Produkt abspielt. Sie sind somit die der Produktionsprozesse innewohnenden Macht - und Rechtsstrukturen.[2] Der Produktionsweise sind drei charakteristische Faktoren immanent: die ökonomische Basis, der politische und der ideologische Überbau. Diese Elemente stehen in gegenseitiger Wechselwirkung und ziehen je nach historischer Epoche spezifische kulturelle Formen und Produktionsweisen nach sich.

Dass es sich um eine vice versa Beziehung handelt und dass die materielle Basis eine Lebensweise nicht etwa völlig determiniert, sieht man zum einen bei den von Turnbull[3] untersuchten Mbutipygmäen des Ituriwaldes in Zaire. Ihre materielle Basis erlaubt ihnen Alternativen im Einsatz der vorhandenen Produktionskräfte[4]. Sie jagen entweder individuell mit Pfeil und Bogen oder kollektiv mit Netzen. Zum anderen zeigt sich beim Vergleich mit den San, wie verhältnismäßig wenig der Einfluss der natürlichen Umwelt auf die Produktionsweise einer Gesellschaft Wirkung zeigt. Sie leben unter vollkommen anderen Umweltbedingungen als die Mbuti und weisen trotzdem eine der Mbuti ähnliche Produktionsweise auf.

Der theoretische und methodische Rahmen dieser kurzen Studie ist somit abgesteckt und wir beschäftigen uns im Anschluss mit den San und Mbuit sowie deren Umwelt.

---

[2] Siehe: Terray. 1974, 98.
[3] 1966
[4] Arbeitsmittel und Kooperationsform

2. San und Mbuti

2.1. Die natürliche Umgebung

Die natürliche Umwelt bestimmt die materielle Basis der Produktionsweise. Zur Verdeutlichung wird hier zumindest im Prinzip kurz das Verhältnis der Wildbeuter zu ihrer Umwelt mit dem der Ackerbauern und Viehzüchter verglichen. Die Subsistenzökonomie von Jägern und Sammlern beruht hauptsächlich auf der unveränderten natürlichen Umgebung, während Ackerbauern und Viehzüchter ihre Umgebung gezielt durch Anbau beziehungsweise Zucht verändern, um wirtschaftliche Resultate wie Ernte oder einen größeren Viehstand zu erlangen. Dadurch, dass die Wildbeuter im Einklang mit ihrer Umwelt leben, können und müssen sie sich und ihre wirtschaftliche Organisationsform an sie anpassen, was in ganz bestimmten Eigenschaften ihrer Produktionsweise resultiert. So garantiert nur ein hoher Grad an Mobilität die Nutzung einer Fläche, die ausreicht um genügend Nahrung zu garantieren. Die Umwelt bedingt somit die wirtschaftlich effiziente Gruppengröße. Außerdem muss die Struktur einer Wildbeuterlokalgruppe flexibel genug sein, um das saisonal und regional wechselnde Angebot an Ressourcen nutzen zu können. Die hohe Anpassungsfähigkeit der Wildbeuter an die Wechsel der klimatischen Umweltbedingungen zeigt sich besonders deutlich im Falle einer Dürreperiode, die für Ackerbauern und Viehzüchtern in einer Hungersnot enden kann, während Wildbeuter eine solche Situation oft ohne lebensbedrohende Schäden überleben.[5] Weiterhin verlangt die nichtsesshafte, umherschweifende Lebensweise nach einem Minimum an tragbarem Besitz. Letztlich muss das Land mehreren Gruppen oder Individuen zugänglich sein und die Wildbeuter haben zu diesem Zweck ein System von reziprokem Zugang zu Ressourcen entwickelt.[6]

Im Anschluss stellen wir zunächst die San und deren Lebensbedingungen vor, um uns dann auf die Mbuti zu konzentrieren. In der Republik Botswana im südlichen Afrika lebten 1982 zirka 24400 San.[7] Das waren mehr als 50 Prozent aller lebenden San, mit weiteren 11500 in Namibia und 4000 in Angola. Die hier in Betracht gezogenen San lebten im Nordwesten Botswana im Dobegebiet, einem damals immer noch relativ isolierten Fleck der Kalahariwüste, dessen Abgeschiedenheit den San bis in die 70er Jahre hinein ermöglichte, hauptsächlich vom Jagen und Sammeln zu leben. Aufgrund der unregelmäßigen Regenfälle und der Trockenheit war das Interesse an der Erschließung des Gebietes, zunächst durch afrikanische Ackerbauern oder Viehzüchter und später durch europäische Siedler, gering.[8]

Die wohl bekanntesten San Lokalgruppen sind erstens die als Nyae-Nyae bekannt gewordenen San, die westlich der San im Dobegebiet, in Namibia leben und zum ersten Mal von den Marshalls 1951 besucht worden sind,[9] und zweitens die im Dobegebiet wohnenden San in Botswana, die 1963 von

---

[5] Lee.R., 1982,4.
[6] Ibid. Seite 117
[7] Ibid. Seite 42
[8] Lee.R. 1982, 32ff.

Lee und DeVore und danach von der Kalahari Research Group aus den USA in den folgenden Jahren untersucht wurden.[10]

Die San unterscheiden fünf verschiedene Jahreszeiten: Frühjahrsregen, Sommerregen, Herbst, Winter und Frühjahrstrockenzeit. Die Sommer sind heiß und die Sommerregenzeit dauert vier bis sechs Monte. Die Winter sind kühl und es regnet wenig. Am Ende der Trockenzeit im Oktober herrschen die heißesten Temperaturen. Die wichtigsten Einschnitte in den Lebensablauf und die Wanderbewegungen der San innerhalb eines Kalenderjahres sind die Trockenzeit und die Regenperiode. Während der Trockenzeit leben die Wildbeuter in größeren Gruppen in der Nähe von Wasserstellen und in der Regenzeit schweifen sie eher in kleinen Gruppen umher. Diese beiden Phasen wurden bereits von Maus als öffentlich oder privat beschrieben.[11]

Die Pygmäen sind vor allem von Schebesta[12] und Turnbull[13] untersucht und beschrieben worden. Sie leben vom Jagen und Sammeln innerhalb des Ituriwaldes in Zaire. Die Anzahl der Mbuti, die dort leben, beträgt schätzungsweise 40000. Fast alle Mbuti leben in einer Beziehung mit ihren sudanesischen Bantunachbarn, welche den Wald fürchten, ein Umstand, der es den Mbuti wiederum ermöglicht hat, ihre Wildbeuterlebensweise lange zu erhalten. Turnbull berichtet, dass das Klima des immergrünen Regenwaldes, Lebensraum der Mbuti, das ganze Jahr hindurch fast immer gleich ist. Die Temperaturen und Niederschläge zeigen kaum Schwankungen auf. Das Angebot an Ressourcen variiert deshalb nicht von einem Ort um anderen.[14]

Im Anschluss werden die Konzepte von Gebiet, Lokalgruppe und Mobilität erläutert.

---

[9] Marshall. L. 1976
[10] Lee. R. 1982, Seite 32. Marshalls Ansatz konzentriert sich mehr auf die Verwandtschaftsbeziehungen, während Lee sich mehr auf die Ökonomie bezieht.
[11] Maus. Marcel. 1904.
[12] 1933
[13] 1966
[14] Turnbull. 1966. Seite 33; Marshall schreibt 1957 von erheblichen Schwankungen in einem relativ kleinen Gebiet der San.

2.2. Gebiete, Gruppen und Mobilität

Die Diskussion, welche und ob Wildbeuter eine Vorstellung von Landbesitz haben, ist immer noch aktuell. In Bezug auf die San gibt es eine Vielzahl von Meinungen, die sich in zwei grundsätzlich verschiedene Auffassungen zusammenfassen lassen. Auf der einen Seite wird angenommen, dass Sangruppen eine genaue Vorstellung von ihren Gebieten und den damit verbundenen Rechten haben. Unbefugtes Betreten wird geahndet und jede Gruppe identifiziert sich ausschließlich mit dem von ihnen bewohnten Gebiet.[15] Andere behaupten das Gegenteil: "Die San vertreten keine Territorialrechte und sind ein Volk ohne jegliche Vorstellung".[16] Sogar unter modernen Forschern finden wir diesbezüglich nicht immer die gleiche Meinung. In ihren ursprünglichen Berichten schrieb Marshall über ein eindeutiges Konzept von Landbesitz bei den Nyae-Nyae San. Ein Lokalgruppenoberhaupt, immer männlich, der seinen Besitz patrilinear erbt und weitervererbt, verfügt über eine Machtposition.[17] Diese Meinung hat sie allerdings später selbst widerrufen.[18] Dem rigiden Modell von Landbesitz ziehen Yellen und Harpeding ein offenes System vor, in dem Gruppen frei umherziehen und zu verschiedenen Ressourcen in verschiedenen Jahren Zugang haben.[19]

In den genannten Beispielen zeigt sich schon jetzt die enge Verquickung der politischen Organisation mit der Frage des Landbesitzes. Bevor auf diese Problematik eingegangen wird, soll hier zunächst einmal eine generelle Aussage über die Idee des Gebiets gemacht werden, zu der ich nach der Untersuchung der Literatur gekommen bin. Obwohl es auch heute noch Unterschiede in der wissenschaftlichen Auffassung über Landbesitz gibt, lassen sich einige Gemeinsamkeiten zumindest für die San und die Mbuti zusammenfassen. Der zeitweilige Aufenthaltsort ist höchst variabel und flexibel bestimmt. Gebiete und deren Grenzen sind nur geringfügig festgelegt und sie werden nicht gegen Eindringlinge verteidigt. Gibt es eine Vorstellung von Gebietszugehörigkeit und gemeinsamem Besitz des Landes und Zugang zu dessen Ressourcen, so ist dieses Land mehreren Personen und Gruppen zugänglich. Die Wildbeuter haben ein System reziproken Zugangs zu Ressourcen entwickelt, um einen hohen Grad an lokaler Mobilität und die Nutzung verschiedener Regionen zu ermöglichen.[20]

Die Bevölkerungsdichte der Jäger und Sammler ist nicht nur in Afrika sehr niedrig und sie muss als ein wichtiger Faktor im Leben der Wildbeuter gesehen werden, denn je höher die Bevölkerungsdichte in einem gegebenen Gebiet, um so mehr Personen müssen dort leben und

---

[15] Fourie. 1928, Seite 85
[16] Frere. 1882
[17] 1960
[18] 1976
[19] Vgl. Lee.R. 1982, Seite 259.
[20] Mehr dazu im Anschluss

zwangsläufig geringer ist die Nutzfläche des zur Ausbeutung der Ressourcen geeigneten Territoriums. Erst in jüngster Zeit werden die Gebiete der Wildbeuter in Afrika zunehmend kleiner. Die relative Unzugänglichkeit der Kalahariwüste und des Ituriregenwaldes und deren wenig Erfolg versprechenden wirtschaftlichen Nutzungsmöglichkeiten sind Grund dafür, dass die neuen afrikanischen Staaten an deren Erschließung nur wenig interessiert sind.

Die San konnten ihr Wildbeuterdasein bis in die 70er Jahre erhalten, während die Mbuti bereits in den 40er Jahren unter den Einfluss der westlichen Zivilisation gerieten. Aber auch sie konnten ihre ursprüngliche Lebensweise bis zum Anfang der 70er Jahre erhalten. Selbst nach der von der Regierung eingeführten Politik der Sesshaftmachung und des zwangsläufigen Ackerbaus, bleibt auch heute noch gerade bei den jüngeren Mbuti ein hoher Mobilitätsgrad erhalten.[21] Es ist nicht das Ziel dieser kurzen Studie die sozialen und politischen Veränderungen der Wildbeuter in Afrika zu analysieren, obwohl dies natürlich eine viel versprechende Herausforderung für die sozialwissenschaftliche Theorienbildung darstellt. Im Moment müssen wir so ein Unterfangen jedoch anderen überlassen, denn mein Interesse richtet sich im Rahmen dieser Arbeit auf jene Jäger- und Sammlergesellschaften, die zum Zeitpunkt ihrer Untersuchung noch keine grundlegende Akkulturation durchlaufen hatten.

Zunächst interessiert die Frage, aus welchen Menschen denn eine Gruppe von Wildbeutern bestand. Als Ausgangspunkt für eine Lokalgruppe nehmen wir für die kleinste soziale Einheit, die als eine Gemeinschaft von Individuen beiderlei Geschlechts beschrieben werden kann, die in einem gemeinsamen Gebiet leben oder zusammen wandern und die untereinander durch Verwandtschaftsbeziehungen verbunden sind.[22] Für die Lokalgruppen der Mbuti trifft folglich die folgende Beschreibung zu: Jedes Gebiet, das von einer Lokalgruppe bewohnt wird, garantiert seinen Mitgliedern Rechte darin zu sammeln und zu jagen. Die Mitgliedschaft konstituiert sich entweder aus der Tatsache, dass eine Person in einem Gebiet geboren ist oder dass diese Person eine Vielzahl von Beziehungen mit anderen durch affinale beziehungsweise kognatische Verbindungen eingeht. Die Rechte und die Mitgliedschaft führen jedoch nicht zum Ein- oder Ausschluss einer eindeutig definierte und abgegrenzte Anzahl von Personen und garantieren desweiteren keinen exklusiven Zugang zu einem Gebiet, welches darüber hinaus nicht gegen Eindringlinge verteidigt wird. Allerdings gibt es die Praxis, dass man im Falle eines Eindringens in ein Gebiet – beispielsweise zum Zweck der Verfolgung eines angeschossenen Tieres – um Erlaubnis bittet, deren Gestattung durch eine Gabe (Teil der Beute) ausgeglichen wird. Diese Praxis ist oft reziprok, weil sie auch im umgekehrten Falle befolgt wird.

Ein anderes praktisches Beispiel ist das der affinen Beziehungen: Die Mbuti ziehen es vor „weit weg von ihrem eigenen Gebiet zu heiraten" [23] und es zeigt sich, dass dadurch Beziehungen zu

---

[21] Wiese. 1980. Seite 136.
[22] Meillassoux. C. 1973
[23] Turnbull. 1966. Seite 275

möglichst vielen Gruppen und Gebieten geknüpft und aufrecht erhalten werden. Der Zugang zu diesen Gebieten wird somit erleichtert, denn es ist nicht so einfach sich einer Gruppe anzuschließen, in der man niemanden kennt. Gruppenkompositionen sind oft fließend, werden kleiner und grφßer, Mitglieder kommen und gehen. Diese ständig wechselnde Mitgliederkomposition der Lokalgruppen wird von Turnbull als Flux bezeichnet.[24]

Im Hinblick auf die Produktionsweise der Wildbeuter wird dieser Wechsel jetzt näher in Betrachtung gezogen. Im Zusammenhang mit dem Phänomen der Trennung und Spaltung der Wildbeutergesellschaften allgemein und speziell für die Mbuti schreibt Godelier[25]: *"Einmal im Jahr wird Honig geerntet und diese Ernte ist der Anlaß zu einer Aufspaltung der Lokalgruppen in kleine Gruppen, die sich am Ende dieser Saison wieder vereinigen".*

Auch Turnbull beschreibt diese Praxis: *"the band begins to re-form, carefully avoiding any lines of fracture that remain unhealed"* und er unterstreicht, dass der Prozess des Fließens der Lokalgruppen, der sich im raschen und häufigen Wechsel ihrer Kopfzahlen und ihrer sozialen Zusammensetzung ausdrückt, einer der wichtigsten Mechanismen zur Konfliktlösung darstellt. So ziehen es die Betroffenen beim Eskalieren eines Konflikts zu einer die ganze Gruppe bedrohenden Situation vor, sich zu trennen um gewaltvolle Auseinandersetzungen zu vermeiden. Er unterscheidet bei dieser Praxis der Flux zwischen den Netzjagdgruppen und den Bogenjägern und er zieht den Schluss, dass die Netzjäger sich in der Honigsaison trennen um in kleinen Gruppen im Wald umherzuschweifen, während die Bogenjäger, die im ganzen Jahr in kleinen Formationen im Wald umherschweifen, sich zu größeren Gruppen zusammenschließen.[26]

In diesem Fall liegt die Ursache höchstwahrscheinlich in den verschiedenen Produktionsorganisationen der Netz- und der Bogenjagd. Die Netzjagd ist im Vergleich zur Bogenjagd mit einer großen Teilnehmerzahl verbunden und wird kooperativ organisiert. Ältere und erfahrende Jäger halten die Netze, während die jüngeren und unerfahrenen Gruppenmitglieder die Tiere in die Netze treiben. Die Bogenjagd ist eher eine individuelle oder eine nur kleine Anzahl von Jägern umfassende Angelegenheit, die keine mit der Netzjagd vergleichbaren Koordination verlangt. Das Hauptproblem für beide Formationen ist jedoch von gleicher Natur: die Gruppengröße muss den wirtschaftlichen Möglichkeiten der Gruppe entsprechen. Das Verhältnis der im Produktionsprozess mitarbeitenden produktiven und unproduktiven Personen muss ausgeglichen sein, um das Weiterbestehen der Gruppe zu gewährleisten. Folglich ergeben sich Situationen, in denen man von Zwangsrentabilität sprechen kann. Godelier unterscheidet drei der Produktionsweise immanenten Zwänge, die die Bedingung für die Reproduktion dieser zum Ausdruck bringt. Erstens, der Zwang zur "Zerstreuung" der Lokalgruppe zur Regulierung ihrer Kopfzahl; zweitens, der Zwang zur Kooperation und drittens, die Notwendigkeit der Fluktuation

---

[24] Turnbull. 1968. Seite 135.
[25] 1973. Seite 71.
[26] Turnbull. 1968. Seite 135.

der Gruppenkomposition, Turnbulls Flux. Im Detail schreibt Godelier: *"die Zwänge, die der Produktionsweise immanent sind, sind gleichzeitig die Kanäle, durch welche die Produktionsweise die Natur der verschiedenen Instanzen der Mbutigesellschaft letztlich bestimmt, denn die Zwänge wirken sich simultan auf alle Instanzen aus: Über dieses System von Zwängen bestimmt die Produktionsweise das Verhältnis und die Verbindung aller dieser Instanzen untereinander und das Verhältnis dieser in bezug auf sich selbst, das heißt, die Produktionsweise bestimmt die allgemeine Struktur der Gesellschaft als solcher, die spezifische Form und die Funktion jeder einzelnen Instanz, die zusammen die Gesellschaft ausmachen."*[27]

Dieser Argumentation folgend, sind die gesellschaftlichen Bedingungen das Produkt dieser Zwänge, die in einem System sich gegenseitig bedingender Zwänge zusammengeschlossen sind. Dadurch wird die strukturelle Herkunft der Ökonomie in Bezug auf die Gesellschaft und deren Wechselwirkung mit ihr in der marxistischen Interpretationsweise der Wechselwirkung von Über- und Unterbau hervorgebracht und identifiziert. Folglich ist es notwendig, den Mechanismus der fließenden Gruppenkomposition nicht nur als ein Mittel zur Konfliktvermeidung und ein Resultat der hohen sozialen Mobilität der Individuen zwischen Lokalgruppen zu deuten, sondern als wesentlichen Bestandteil dieser Gesellschaftsform schlechthin anzusehen.[28]

Die Gebietsvorstellungen und Gruppenkompositionen der Mbuti, die bisher beschrieben wurden, treffen auch für die San zu, wenngleich deren Umweltbedingungen völlig anders sind. Ich möchte sie hier nur kurz zusammenfassen, es wird aber bei der Analyse ihrer Produktionsweise später noch einmal ausführlicher auf sie eingegangen. Auch Lokalgruppen der San verfügen über keine Exklusivrechte über die Gebiete, in denen sie sich aufhalten. Die enge Verquickung von Notionen von Landbesitz und politischer Organisation zeigt sich auch hier in den nicht individuellen, nicht exklusiven und nicht verteidigungsbedürftigen Gebietsansprüchen. Auch hier manifestiert sich die Produktionsweise durch eine klimatisch bedingte flexible Territorialorganisation, die es den Wildbeutern ermöglicht schnell den Ort sowie – gegebenenfalls aus politischen Gründen – die Gruppenkomposition zu wechseln, wie im Anschluss gezeigt werden wird.

Die Zusammensetzung der lokalen Gemeinschaft der San führt uns über die Erwägungen der Gruppengröße und Gebietsvorstellungen hinaus zum nächsten Kapitel, das sich mit den Lokalgruppen und deren charakteristischen Verwandtschaftsbeziehungen beschäftigt.

---

[27] 1973. Seite 70 ff.
[28] Siehe Meillassoux.C. 1983 für die Mbuti und Lee. 1982 für die San. Dazu hören wir noch einmal Turnbull, der an einer anderen Stelle darauf hinweist, dass die Mbuti sich der politischen Notwendigkeit zur Flux durchaus bewusst sind und sich diese zu Nutzen machen, indem sie den Anfang der Honigsaison einfach erfinden, sollte dieser durch ein erkennbares Mehrangebot an Honig zur erwarteten Jahreszeit ausbleiben. (Turnbull. 1983. Seite 189)

2.3. Beziehungssysteme

Fur die San beschreibt Lee die Beschaffenheit einer Lokalgruppe folgendermaßen: *"The basic San local group is the camp, a non-corporate, bilaterally organized group of people who live in a single settlement and who move together for at least part of the year. (…) What gives the camps their stability is the existence in each of a core of related older people – usually siblings and cousins – who are generally acknowledged to be the owners (k"ausi) of the water hole. Around each water hole is a plot of land which (n!ore) contains food, resources and other water points which is the basic subsistence for the resident group."* [29] Diese Beschreibung trifft auch für die Nyae-Nyae San zu, mit dem begrifflichen Unterschied, in welchem Marshall das camp als band bezeichnet.[30]

Zwei Aspekte sind hier von besonderem Interesse für unsere Untersuchung: die jahreszeitlich bedingten Wanderbewegungen einerseits und die San Vorstellung von Land, die weiter unten beschrieben wird. Während der Regenzeit, in der es viele Wasserstellen gibt, wandern die Menschen, um entweder Verwandte in entfernt gelegenen Gebieten zu besuchen oder in die Nähe von Wild- und Pflanzenbeständen zu ziehen.[31] Während der Trockenzeit müssen die Gruppen in der Nähe der wenigen, permanenten Wasserstellen verbleiben. Dennoch verlassen Gruppenangehörige, wenn auch in seltenen Fällen, in dieser Zeit die Gruppe und es kommen Besucher aus anderen Gebieten. Die Zusammensetzung scheint auch hier ständig zu wechseln.[32] In Bezug auf die Kinder weist Shostak darauf hin, dass sich selbst die Zusammensetzung der Spielgruppen laufend ändern kann.[33] Es zeigt sich hier, dass die Menschen im Kindesalter bereits daran gewöhnt werden, Beziehungen zu vielen Menschen einzugehen und Lee ergänzt seine bereits zitierte Beschreibung wie folgt: *"In essence, the San camp consists of kinspeople who have found that they can live and work together (...) and an individual may during the course of his life live for varying times at many waterholes, as establishing residence at one camp does not require to relinquish a claim to any other."* [34] Jeder hat also auch bei den San die Möglichkeit zu wählen, wo, wie und mit wem er lebt.

Der zweite Aspekt ist die San Vorstellung von Land, N!ore. Das San Wort für Land, Lokalität oder Territorium ist N!ore. Jedes N!ore, welches den Bereich um eine Wasserstelle umfasst, steht in Verbindung mit einer Kerngruppe, die das Gebiet gemeinsam in Anspruch nimmt und dieses Anrecht an die nächste Generation weitergibt, vorausgesetzt die Folgegeneration bleibt in

---

[29] Lee. 1976. Seite 77.
[30] Ibid.
[31] Shostak. M. 1982. 84.
[32] Marshall. 1976. Seite 180.
[33] 1982. Seite 84.
[34] Lee. 1982. Seite 55

demselben Gebiet. Die San "besitzen" das Land, welches sie bewohnen. Obwohl dieser Besitz kollegial ist und die Grenzen nicht klar und eindeutig definiert sind, gibt es zumindest die Vorstellung von Besitzanspruch. Dieser ist jedoch nicht exklusiv und es kommt durchaus vor, dass man nicht genau weiß, in welchem Gebiet man sich aufhält, wenn man durch das Land zieht, weil niemand die Grenzen genau bestimmen kann.[35] Der Zugang zu einem bestimmten Gebiet ist allen Angehörigen einer Gruppe und deren Gästen, Verwandten und Bekannten erlaubt. Weiter entfernte Gruppen werden – wenn auch es erst nach Erteilung einer Erlaubnis – geduldet, was in der Regel durch einen späteren Gegenbesuch ausgeglichen wird.

Wie sich zeigt, ermöglicht die beschriebene Landbesitzvorstellung – ähnlich wie bei den Mbuti – auch bei den San die Flexibilität der Gruppenstruktur. Im Falle der San besteht Lee darauf, dass sein Erklärungsversuch, Flexibilität als primäres Organisationsprinzip bei Wildbeutergesellschaften erkennt, was Turnbulls Schlussfolgerung der Flux als Prinzip bei den Mbuti bestätigt.[36]

Nachdem bisher die Bestimmung eines Gebietes versucht wurde, wer und wann Zugang dazu hat und was die Gruppendynamik charakterisiert, soll nun die Gruppenzusammensetzung in Bezug auf ihre Sozialstruktur untersucht werden. Die Lokalgruppenorganisation bei den San besteht auf K"ausi und Verwandtschaft. K"ausi ist eine Kerngruppe älterer Verwandter, meist Geschwister und Cousins, die als "Besitzer" einer Wasserstelle (N!ore) angesehen werden. Der Verwandtschaftsstatus wird bei den San durch die kognatische beziehungsweise bilaterale Deszendenz erteilt. Diese Art von Deszendenz findet man häufig in Wildbeutergesellschaften. Sie wird auch als "multilineal" bezeichnet. Sie ist nicht nur auf eine bestimmte Linie oder ein Geschlecht beschränkt sondern die Abstammung wird von allen Vorfahren, männlich und weiblich, abgeleitet. Man findet also in diesen Gesellschaften auch Frauen als N!ore Besitzerinnen. K"ausi sind einfach die Menschen, die am längsten an einer bestimmten Wasserstelle gelebt haben. Sie sind die Gastgeber und Gastgeberinnen und diejenigen, die man um Erlaubnis bittet, um Zugang zum Wasserloch zu erhalten.

Der Name eines bestimmten Mitgliedes dieser Kerngruppe kann im Laufe der Zeit mit der ganzen Lokalgemeinschaft assoziiert werden. Neben der Stabilität, die eine Kerngruppe für die Lokalgruppe bedeutet, bildet sie den genealogischen Bezugsrahmen für die lokale Gemeinschaft, da sie die "Alteingesessenen", ihre Nachkommen und Geschwister und deren angeheiratete Verwandten mit einschließt.[37] Das Einheiraten in eine Kerngruppe hat nicht nur die Einbeziehung einer Person in eine lokale Gruppe zur Folge, sondern deren ganzen Familie. Während in vielen Gesellschaften die Vereinigung zweier Familien bei der Heirat ihrer Nachkommen durch Geschenkaustausch, reziproke Besuche oder Dienstleistungen und durch ein gemeinsames

---

[35] Ibid. Seite 334.
[36] Ibid und Turnbull. 1968
[37] Lee. 1982. Seite 39 ff.

Interesse an den Nachkommen bekräftigt wird, kann es bei den San vorkommen, dass sich zwei ganze Familien zusammenschließen.

Die Kerngruppen setzen sich im Regelfall aus den Angehörigen beider Geschlechter zusammen. Im Licht der bereits beschriebenen offenen Gebietsvorstellungen und fluktuierenden Gruppenkompositionen ist leicht zu verstehen, dass es sinnlos wäre rigide Residenzregeln bei den San bestimmen zu wollen. Weiterhin ist es im Rahmen dieser Studie auch nicht notwendig, eine detaillierte Zusammenfassung der Verwandtschaftsterminologie der San wiederzugeben. Für unsere Zwecke soll die Demonstration, wie Verwandtschaft sich auf die Gruppenzusammensetzung auswirken kann, ausreichen. Die an einer genauen Analyse der Verwandtschaftstermini interessierten Leser möchte ich auf die Literatur hinweisen, die sich diese Aufgabe zum Thema gemacht hat.[38] Ich möchte mich hier auf eine kurze Zusammenfassung beschränken.

Das San-System der Verwandtschaftsterminologie unterscheidet zwischen Kernverwandten (K"ausi) und solchen, die sich außerhalb dieses Kerns befinden. Die San differenzieren die Verwandten durch geschlechtsspezifische Termini innerhalb und außerhalb der Kernfamilie. Die Klassifikation der außerhalb des Gruppenkerns stehenden Blutsverwandten basiert auf generationsmäßig organisierten Scherz- und Meidungsbeziehungen. Eheschließungen zwischen engen Verwandten ist verboten und die San praktizieren, im Gegensatz zu vielen anderen Wildbeutergesellschaften, auch keine Ehe zwischen Cousins ersten Grades. Außerdem vermeiden sie möglichst Ehen mit Personen, die den Namen des eigenen Vaters, der Mutter, der Geschwister oder des eigenen Kindes tragen. Polygame Ehen sind erlaubt, kommen aber selten vor, da sie wirtschaftlich und sozial kompliziert sein können. Scherz- und Meidungsbeziehungen verhalten sich komplementär zueinander und unterliegen formalen Regeln, welche die Interaktion zwischen bestimmten Verwandten einschränken oder ganz verbieten. Scherzbeziehungen dagegen gestatten bestimmten Kategorien von Verwandten Scherze, Neckereien, intime Vertrautheit und vielleicht sogar bevorzugten Zugang zu persönlichem Besitz sowie sexuelle Freiheiten oder Vorzüge.[39] Das heißt also, dass es bei den San außer der Differenzierung der konsanguinen Verwandten innerhalb und außerhalb der Lokalgruppe durch das Geschlecht, die Klassifikation in generationsabhängige Scherz- und Meidungsbeziehungen gibt. Sie äußern sich in einer Art und Weise, die es nahe stehenden Generationen verbietet Scherzbeziehungen einzugehen, während es entfernten Generationen gestattet ist.

Personen, die den gleichen Namen haben, teilen im Glauben der San ihr ganzes Wesen und ihre Persönlichkeit miteinander. Namen werden jeweils von den Großeltern an die Enkelkinder weitergegeben, wodurch ein zusätzlicher Bezug innerhalb des Verwandtschaftssystems entsteht. Da nur wenige Namen zur Verfügung stehen, verbleiben diese oft in Familien, was dazu führt, dass

---

[38] Fabian.J. 1965; Heinz.H. 1966; Lévi-Strauss. C. 1981; Marshall. L. 1957.
[39] Shostak. 1982. Seite 100.

eine Beziehung gleichnamiger Personen auch über große Entfernungen hinweg erkennbar ist. Lee fasst die Funktion des Namensverwandtschaftssystem treffend wie folgt zusammen: *"...(it) enables the San to extend primary kindship ties far beyond the boundaries of personal genealogical kindreds. In fact the thousands of !Kung San language speakers are connected by name-relationships into a network of future kinship that extends all the way from Angola in the North to Ghanzi, five hundred miles to the South in central Botswana".*[40]

Spezifische Altersgruppen, ausgestattet mit exklusiven Rechten und Pflichten, gibt es unter den San nicht. Es wird lediglich zwischen Kindesalter und geschlechtsreifem Alter, sowie Jugend und Alter unterschieden. Das hat das Fehlen von speziellen Alterstermini für Altersgruppenangehörige und deren Gruppen zu folge. Eher als die San regulieren die Mbuti im Gegensatz ihr Leben durch Attribute und Pflichten verschiedener Altersgruppen und Turnbull schreibt über das Ordnungsprinzip einer Gruppe: *"The terminological system reflects as neatly as could any diagram of the essential principal of age".*[41] Während Kinder im vorpupertären Alter nicht in nach Geschlecht oder Alter getrennte Spielgruppen aufgeteilt werden, bedeutet der Übergang zum Erwachsenenalter sowohl bei den Jungen als auch bei den Mädchen eine Trennung ihres jetzt neuen Status als junge Männer und Frauen. Die Gradwanderungen von einem zum nächsten Alter werden jedoch sowohl bei den Mbuti als auch bei den San mit nur wenigen zeremoniellen Festivitäten kundgetan.

Ein wurde ein weiteres Bezugssystem beobachtet, das Hxaro bei den San. Es handelt sich um einen zeitlich verzögerten Geschenkaustausch, der den Teilnehmern erlaubt, Dienstleistungen und den Zugang zu Ressourcen reziprok in Anspruch zu nehmen. Diese Beziehung beschränkt sich nicht nur auf zwei, sondern stellt eine Art Tauschkette zwischen mehreren dar, in der sich jeder dem anderen gegenüber verpflichtet fühlt. Alle möglichen Objekte, von Schuhen bis Perlen, werden über weite Entfernungen ausgetauscht. Jeder San kann zwischen fünf und fünfzig Hxaro Partner haben und das System durchzieht die ganze Population.[42] Im Alter kann man außerdem seine Hxaro Partner vererben.

Zum Abschluss betrachten wir den Brautdienst, der es den San ermöglicht, Ressourcen in anderen Gebieten zu sichern und Verbindungen über große Entfernungen hinweg zu pflegen.[43] Shostak schreibt im Zusammenhang mit der Heirat über die San: *"Nach der Heirat folgt der Mann üblicherweise der Frau ins 'Dorf' ihrer Eltern, denn man erwartet von jungen Mädchen nicht, dass sie ihre Eltern verlassen. Dieser Brautdienst seitens des Gatten ist im allgemeinen zwanglos und ist ein großer Anreiz für die Eltern die Tochter jung zu verheiraten. Der Ehemann hilft bei der Fleischbeschaffung für das Mädchen und die Familie".*[44] Alles in allem ergänzen sich die Bezugssysteme der San und bilden ein soziales Netzwerk, welches

---

[40] Lee. 1972. Seite 356.
[41] 1966. Seite 273.
[42] Wiessner. 1977. Vorwort.
[43] Spittler. G. 1980ᵃ. Seite 152. Weist darauf hin, dass friedliche Streitreglungen unter Gruppen, die sich kennen, wahrscheinlicher ist als zwischen denen, die keine Beziehungen miteinander pflegen.
[44] 1982. Seite 101.

den größtmöglichen Grad an Flexibilität zulässt und die Mitglieder wirtschaftlich und sozial miteinander verbindet.

Ähnlich ist es bei den Mbuti, deren Beziehungen untereinander jedoch eher durch die Verwandtschaftsbeziehungen in Verbindung mit Altersgruppen als deren Verbindung mit Namens- und Tauschsystemen strukturiert sind. Sie haben im Vergleich zu den San wenig Verwandtschaftstermini, und unterscheiden verwandtschaftliche Beziehungen hauptsächlich innerhalb der Kernfamilie, während sonst die Differenzierung auf die verschiedenen Altersgruppen angewandt wird. Die Terminologie unterscheidet vier Altersgruppen. Turnbull gibt die folgende Definition: *"In practice, the terms refer not to the degrees of kinship at all but to conditions of life: childhood, youth, adulthood and old age"*.[45] Er erwähnt weiterhin, dass es sich bei den Mbuti bei Verwandten eher um Bekannte innerhalb eines Beziehungssystems handelt und dass die Beziehungen der Mitglieder der Kernfamilie als Modell für alle Beziehungen innerhalb der Lokalgruppe dienen. Hören wir dazu noch einmal Turnbull: *"With the Mbuti we are dealing with kith rather than kin, and the terminological division of the society into four age levels is best thought of as completely divorced from kinship, insofar the nuclear family and the ideal relations that should pertain among its members are taken as a model relationship for the band"*. [46] Natürlich könnte man jetzt zu einer Grundsatzdiskussion über Verwandtschaftssysteme und deren wissenschaftlicher Klassifizierung übergehen. Da der Versuch rigide Konzepte von Verwandtschaft auf die Wildbeuterverwandtschaftssysteme anzuwenden oder als Modell der Organisationsstruktur der Gesellschaft nachzuweisen nicht viel versprechend ist, kann davon jedoch abgesehen werden. Die zahlreichen ethnologischen Studien und soziologischen Arbeiten zu diesem Thema erlauben dem Betrachter ein durchaus flexibel definiertes Beziehungssystem als Verwandtschaftssystem zu erkennen.

Während die San auf allen Ebenen – auch in der Namensbeziehung – unter den Geschlechtern unterscheiden, ist dies bei den Mbuti nur für die Eltern der Kernfamilie der Fall. Dies ist von besonderem Interesse für diese Untersuchung im Hinblick auf den Egalitarismus bei den Mbuti. Wird nicht unter Geschlechtern in der Terminologie unterschieden, wie soll es dann zu einer geschlechtsspezifischen Arbeitsteilung kommen? Turnbull schreibt hierzu: *"This avoidance of sex differentiation is consistent with the interdependence between the sexes, that is so characteristic of Mbuti economic life, and the egalitarism that exists between the realm of government"*.[47] Ein zweiter Aspekt der Verwandtschaftsterminologie der Mbuti ist die Tatsache, dass zwischen Kernfamilienangehörigen und –außenstehenden unterschieden wird. Das bedeutet, jeder Mbuti kann sich entweder zum "Vater" oder zur "Mutter" der Kernfamilie, die als Modell der Lokalgruppe und dessen Beziehungsrahmen angesehen wird, in direkte Beziehung setzen oder auch nicht.[48] Ein weiteres

---

[45] 1966. Seite 269.
[46] *Ibid.*
[47] Ibid.
[48] Andrade. 1979. 280.

wichtiges Merkmal des Beziehungssystem ist das Fehlen der Differenzierung in Bluts- und Affinverwandte, was jedem Mitglied der Lokalgruppe die Möglichkeit bietet, sich auf irgendeine Weise der Gruppe zugehörig zu fühlen. Turnbull sieht dies hauptsächlich in den Altersgruppen und der Gebietszugehörigkeit und schreibt: *"And most certainly while stating that age and territory are more effective principles of organisation than kinship we do not deny that kinship is recognized. We are merely stating that social interaction among the Mbuti is based on generation and territory".*[49]

Wie das Gebiet verstanden werden muss, wurde bereits erläutert. Wenn man nachvollziehen will, wie die Mbuti durch dieses das Zugehörigkeitsgefühl zu einer lokalen Gemeinschaft verstärken, kommt man nicht umhin traditionelle Vorstellungen von "Gebiet" – nämlich eine genau abgegrenzte gegen Außenstehende verteidigte Zone – zu erweitern. Man kommt zu dem Schluss, dass das Gebiet einer Lokalgruppe ihr zeitweiliger Aufenthaltsort, in dem sie jagen und sammeln, ist. Jeder Mbuti hat ein "Geburtsrecht" auf ein Gebiet, in dem er geboren ist. Innerhalb dieses Gebiets und der Lokalgruppe, die darin lebt, stehen alle in Beziehung zu den anderen; sei es durch Altersgruppenzugehörigkeit oder Verwandtschaft. Zieht man weiterhin in Betracht, dass die Zusammensetzung der lokalen Gemeinschaft andauernden Wechseln unterworfen ist und dass man Verwandtschaft auch als Mitgliedschaft zu einem Gebiet oder einer Gruppe verstehen kann, zeigt sich auch am Beispiel der Mbuti, dass ihr Bezugssystem – ähnlich dem der San – den einzelnen und den Gruppen die größtmögliche Offenheit in der räumlichen Flexibilität und in der Ausbeutung verschiedener Ressourcen in diversen Gebieten ermöglicht.

Die wenigen Gebote, die den Lokalgruppenangehörigen auferlegt werden, sind die Lokalgruppenexogamie bei der Heirat, sowie das Verbot direkte Verwandte des Vaters oder der Mutter zu heiraten. Da jedoch niemand darüber Buch führt, können diese Gebote nur so lange praktiziert werden, wie die Älteren sich an diese verwandtschaftlichen Konstellationen erinnern können. Die relative Unwichtigkeit dieser Gebote äußert sich auch in der einfachen Art und Weise der Eheschließung und Trennung. Die Ehe wird – wie bei den San – einfach geschlossen, indem das Paar zusammenlebt und beendet, indem es sich trennt und nicht mehr zusammenlebt.

Folgt man Turnbulls Argumentation, so ist die Verwandtschaft zumindest im westlich-wissenschaftlichen Sinne nicht das grundlegende organisatorische Strukturprinzip der Lokalgruppe, sondern die Zugehörigkeit zu einem Gebiet oder/und einer Altersgruppe. Die Schwierigkeit, die Verwandtschaftsvorstellungen der Mbuti zu begreifen und deren Verquickung mit ihrer sozialen Organisation darzustellen, liegt nicht nur darin, wie verschiedenartig Verwandtschaft zu verstehen ist, sondern wird noch dadurch erschwert, dass die Mbuti zwei Jagdformen und –organisationen praktizieren und die Gruppen sich je nach individueller Bogenjagd oder kollektiver Netzjagd organisieren. Neben der Gebiets- und Altersgruppenzugehörigkeit sieht Turnbull im Falle der Netzjagd den wichtigsten Faktor der Lokalgruppenorganisation in der kooperativ-kollegialen

---

[49] 1966. Seite 274.

Ideologie dieser Jagd.[50] Dadurch ist auch zu verstehen, warum seiner Ansicht nach einer Lineage-Struktur, falls vorhanden, nur eine sekundäre Bedeutung in diesem Zusammenhang zukommt. Wenn die Ideologie der Jagd der Grund für diese geringere Bedeutung ist, so kann man daraus schließen, dass innerhalb individuell organisierter Bogenjägergruppen Lineage-Elemente eher zu finden seien und die Netzjäger durch ein anderes Prinzip organisiert sind.

Schebestas Arbeiten zu diesem Thema könnten diese Schlussfolgerung durchaus unterstützen. Er unterscheidet innerhalb der Bogenjägergruppen zwischen Kernfamilie (famille) und erweiterter Familie (parentèle). Er behauptet, dass diese Kernfamilie nicht alleine lebe, sondern *" la communauté permanente et comportant une division du travail, que constituent l'homme, la femme el leurs enfants"*, und die erweiterte Familie verbinde sich durch Verwandtschaft, die patrilineal organisiert sei: *" La parentèle est donc fondé sur une communauté de sang en lingue masculine"*. [51] Zieht man die oben genannte Schlussfolgerung, so ergänzen sich Schebestas und Turnbulls Aussagen. Wendet man allerdings Schebestas Schlussfolgerungen, die er aus der Patrilinealität zieht auf die Residenzregeln an, so widersprechen sie sich. Schebesta zieht eine vorwiegend patrilokale Residenz vor, während Turnbull dies kritisiert.[52] Godelier wiederum stützt die Analyse der Beziehungssysteme der Mbuti nicht auf die Untersuchung dieser an sich, sondern auf das Erkennen von diesen im Zusammenspiel mit der Produktionsweise immanenter Zwänge als Organisationsprinzip.[53]

Das Konzept von Gebiet, Gruppen und Beziehungssystemen sind jetzt bekannt und führen diese Studie im folgenden Kapitel zur Produktionsweise der Wildbeuter.

---

[50] Turnbull. 1966. 149 ff.; 1972
[51] 1952. Seite 208
[52] Andrade. 1979. Seite 280
[53] 1973. Seite 70

3.   Die Produktionsweise der Wildbeuter

3.1.   Generelle Überlegungen

Den Gebietsvorstellungen und Beziehungssystemen der Wildbeuter kommt eine fließende und multifunktionale Aufgabe zu. Die politische Organisationsform dieser Gesellschaften beruht auf der Interdependenz dieser Gesellschaftsbereiche mit ihrer ökonomischen Basis wie sich im gesamtgesellschaftlichen Zusammenhang jetzt zeigen wird. Deshalb werden wir uns jetzt – in Anlehnung an Marx – der Produktionsweise der Wildbeutergesellschaften zuwenden.

In den Sechziger und Siebziger Jahren sind vor allem in Frankreich neo-marxistische Forschungsansätze durch Meillasoux, Godelier und Terry zum Verständnis von ursprünglichen Gesellschaften angewandt worden. Man muss erfreulicherweise zugeben, dass ihre Absicht, bereits wohlbekannte aber vernachlässigte Thesen einer marxistischen Wirtschaftsanalyse auf diese Gesellschaften anzuwenden, gelungen ist.[54]

Nach Marx bedingt die Produktionsweise des materiellen Lebens den sozialen, politischen und geistigen Lebensprozess einer Gesellschaft. Die Produktionsweise wiederum setzt sich zusammen aus Produktivkräften und Produktionsverhältnissen.[55] Der gegenwärtige ethnographische und theoretische Wissensstand jedoch verlangt nach einer Marx-Interpretation, die erkennt, dass die Produktionsweise des materiellen Lebens nicht nur den sozialen, politischen und geistigen Lebensprozess einer Gesellschaft bedingt, sondern auch umgekehrt. Mit anderen Worten, die Produktionsweise ist das Resultat eines interdependenten Systems bestehend aus Ökonomie, Politik und Ideologie.[56]

In Anlehnung an eine Marx-Interpretation im Sinne von Althusser finden sich bei Terray als bestimmende Faktoren der Produktionsweise drei Umstände: die ökonomische Basis, der politisch-juristische Überbau und der ideologische Überbau.[57] Kahn/Llobera übernehmen Althussers Sicht von der Produktionsweise als eine soziale Ganzheit und schreiben hierzu: *"As we have pointed out, Althusser conceptualises the mode of production as a social totality. Althusser defines the mode of production as a structure constituted by levels –economic, political and ideological. The levels are autonomous but related".*[58]

Wenn man sich der Analyse der Form der politischen Organisation einer Gesellschaft zuwendet, sind vor allem die Untersuchung der Produktionsweise immanenten Mechanismen von sozialer und politischer Kontrolle sowie die Entscheidungs- und Machtstrukturen von Interesse, die deren materiellen Basis nach sich zieht. Simon Roberts versuchte diesen Zusammenhang, wenn auch nicht speziell für die Wildbeuter, aufzuzeigen, ein Unternehmen, das von Althusser nur bekräftigt

---

[54] Hanser. P. 1984. Seite 300.
[55] Klaus. G. und Buhr. M. 1964. Seite 977.
[56] Terray. 1974. Seite 146.
[57] Ibid; ähnlich: Godelier. 1973. Seite 26; Hanser. P. 1984. Seite 309.
[58] 1981. Seite 275.

wird: *"The economic level determines in the last resort which of the levels is going to be dominant in the mode of production".*[59] Einen ähnlichen Standpunkt vertritt Godelier unter anderem im Zusammenhang mit der Untersuchung der Mbuti und er schreibt über die Rolle der sozialen Instanz (Althussers levels): *"Es sind die Produktionsverhältnisse, die für die Dominanz dieser oder jener Instanz ausschlaggebend sind. Sie haben folglich eine allgemeine, determinierende Wirkung auf die Organisation einer Gesellschaft, denn sie determinieren sowohl diese Dominanz als auch, gerade durch diese Dominanz, die allgemeine Organisation einer Gesellschaft".*[60]

Die bisher beschriebene Situation der Wildbeuter in Afrika zwingt die Menschen nicht dazu, Beziehungen innerhalb eines bestimmten Produktionsprozesses auf lange Sicht miteinander einzugehen, um bestimmte Ressourcen auszubeuten oder spezielle Techniken anzuwenden. Sie erlaubt es vielmehr, die Produktion spontan und weder hierarchisch noch stets kooperativ zu organisieren. Unter diesem Gesichtspunkt betrachtet, verlangt die Produktion nicht nach gemeinsamem Besitz, gemeinschaftlicher Ausbeutung und vereinter Aufrechterhaltung von dauerhaften "Investitionen". Mehrere Faktoren, die erläutert werden müssen, bestimmen die Produktion und den Konsum des Produkts auf eine Weise, die als "von Tag zu Tag" bezeichnet werden kann, welche keine zeitliche Vorausplanung der Produktion noch das Speichern von Nahrung ex post nach sich zieht. Der Konsum der Nahrung verwickelt, – so weit es sich nicht um größere, teilbare Jagdbeute handelt – ähnlich wie die tägliche Nahrungsproduktion, die Menschen nicht in zukunftsorientierte, spezifische und reziproke Obligationen mit bestimmten Personen.

Die Herstellung von Geschenken, die in Geschenkaustauschsystemen wie zum Beispiel das Hxaro bei den San stattfinden, wird meist individuell realisiert. Sie tragen außerdem nicht direkt zur Subsistenz bei und ihre Herstellung nimmt gemessen an der Arbeitszeit, die auf die Sicherung der Subsistenz verwendet wird, einen vergleichsweise kleinen Teil an dem gesamtgesellschaftlichen Arbeitsaufwand ein.[61]

Nach diesen generellen Überlegungen kommen wir jetzt zur Untersuchung der Produktionsweise der Wildbeuter. Nach Terry beginnt die Analyse der Produktionsweise an der ökonomischen Basis. Sie geht jedoch über eine rein ökonomische Betrachtung hinaus und erkennt das Zusammenspiel eines Systems von Produktivkräften und eines Systems von Produktionsverhältnissen.

---

[59] Roberts. S. 1979. Seite 80; vgl. Kahn. S. Und Llobera. 1981. Seite 275.
[60] 1973. Seite 50
[61] Lee. R. 1982. Seite 278. Sie spielen jedoch eine wichtige Rolle bei der Knüpfung sozialer Beziehungen.

3.2.   Die Produktivkräfte der San

Die Produktivkräfte der Produktionsweise sind die materiellen Bedingungen – die Arbeitsmittel und die Kooperationsform – der Produktion. Die entscheidende Energiequelle macht die menschliche Arbeitskraft aus.[62]

Der durch die ständige Mobilität begründete geringe Besitz an materiellen Gütern spiegelt sich in der relativen Einfachheit und der geringen Anzahl von Werkzeugen im Gebrauch der San wieder. Lee unterscheidet die Subsistenztechnologie der San in vier Kategorien: Werkzeuge zum Wassersammeln, Sammel- und Traggerätschaften, Jagdinstrumente und Werkzeuge zur Speisezubereitung. Viele dieser Werkzeuge werden zu mehr als einem Zweck verwendet. Jedes der relativ einfachen Werkzeuge kann von allen hergestellt werden und folglich kann jeder Haushalt die Utensilien und Werkzeuge herstellen, die zum Überleben gebraucht werden.[63]

Als ein zentrales Element der Ökonomie der hier betrachteten Wildbeutergesellschaften lässt sich das Prinzip der Arbeitsteilung zwischen den Geschlechtern ansehen: Männer jagen und Frauen sammeln.[64] Auch hier bedeutet dies allerdings keine strikte und absolute Trennung. Es gibt Gebote und häufig kommt es zu Interdependenzen. Frauen kümmern sich nicht um die Jagdausrüstung sie jagen jedoch, während des Sammelns zum Beispiel, wenn sie kleinere Tiere erlegen. Außerdem beteiligen sie sich indirekt an der Jagd, wenn sie Spuren finden oder größere Tiere ausfindig machen. Diese Information hilft den Männern bei der Jagd. Männer sammeln ebenfalls und als Grabgerät kann jeder Ast dienen.[65] Andere Gerätschaften, wie zum Beispiel der Trag-Kaross (Tragetasche) aus Tierhaut, werden von den Männern für die Frauen angefertigt.[66]

Die Herstellung und der Zugang zu den Werkzeugen ist - mit Ausnahme des Pfeilgifts – nicht an Altersgruppen gebunden. Schon im frühen Kindesalter jagen Jungen mit Pfeil und Bogen – wenn auch nur spielend – und eignen sich Geschicklichkeiten und Kenntnisse an, die im späteren Leben wichtig sein werden. Das Wissen über die Nahrungs- und Pflanzenbeschaffenheit ist kein Geheimnis. Männer und Jungen kennen die Pflanzen ihrer Umwelt ebenso gut wie Frauen und Mädchen die Tierarten.

---

[62] Terry. 1974. Seite 98
[63] 1982. Seite 119
[64] Ibid. Seite 117; Shostak. 1982. Seite 205-209; Turnbull. 1966. Seite 151
[65] Lee. 1982. Seite 235; Shostak. 1982. Seite 208
[66] Lee. Ibid. Seite 123. Für 75% der Sammeltätigkeiten werden keine besonderen Werkzeuge benutzt. Bei den Mbuti stellen Frauen auch Werkzeuge für die Jagd her. (vgl. Turnbull. 1966. Seite 167.)

Die Produktion von gesammelten Gütern ist lebenswichtig, denn die vegetarische Nahrung macht den Haupt- und verlässlichen Anteil der Gesamtnahrung aus. Die Jagd ist im Durchschnitt erfolgloser als die Sammeltätigkeit. Tiere schweifen auf der Suche nach Nahrung umher. Pflanzen und Früchte wachsen periodisch am gleichen Ort.

Obwohl Subsistenzarbeiten einen großen Teil des San-Lebens in Anspruch nehmen, ist dies nicht die einzige Art von Arbeit, die sie bewältigen. Der Herstellung und Pflege von Arbeitsmitteln und Notwendigkeiten wie Hütten, Kleidung und Gefäßen sowie der Hausarbeit muss nachgegangen werden. Trotzdem verfügen die San über einen großen Teil von Freizeit im Vergleich zu andern Gesellschaften mit anderen Wirtschaftsformen und sie nutzen diese Zeit zur Herstellung von Tauschgütern.

Die Tatsache, dass man in Wildbeutergesellschaften fast universell – wenn auch nicht ausschließlich – eine Arbeitsteilung zwischen den Geschlechtern findet, leitet das Interesse dieser Untersuchung auf die Kooperationsformen und die Arbeitsorganisation. Die Voraussetzung zur Kooperation – ganz gleich welcher Art – ist ein gewisses Maß an Arbeitsteilung. Die kollektive Arbeit wiederum verlangt Koordinations- und Entscheidungsfunktionen, um einen gemeinschaftlichen Arbeitsprozess zu ermöglichen. Mit den verschiedenen Kooperationsformen sind demzufolge Leitungs- und Kontrollstrukturen verbunden, die sowohl durch die Produktivkräfte als auch durch die Produktionsverhältnisse bestimmt sind. Die politischen und ideologischen Autoritätsstrukturen knüpfen an diese Kontrollstrukturen an, sind jedoch von ihnen zu unterscheiden.[67]

Zunächst einmal muss noch einmal auf die Produktivität eingegangen werden, denn es ist wichtig festzuhalten, wer, was und in welchem Umfang zum gesamtgesellschaftlichen Produktionsprozess beiträgt, bevor auf die Kooperationsformen und auf die Arbeitsorganisation eingegangen wird. Es soll untersucht werden, ob die Arbeitsteilung einem der Geschlechter eine privilegierte Position ermöglicht.

Für die San fasst Lee den Arbeitsaufwand und dessen Effizienz und Teilung wie folgt zusammen. So weit es sich um Arbeiten handelt, welche die Herstellung und die Pflege von Werkzeugen sowie das Einrichten des Wohn- und Essplatzes (Hausarbeiten) betreffen, findet man ein hohes Maß an Interdependenz unter den Geschlechtern. Werkzeuge, welche die Frauen brauchen, werden zum Teil von Männern hergestellt. Die Wohnstätte, die Mann und Frau benutzen, wird von der Frau gebaut und gepflegt. Beide kümmern sich um die Zubereitung der Nahrung und die Männer sammeln Feuerholz. Gesammelte Nahrung wird meist von den Frauen zubereitet, während die Männer große Tiere schlachten und zubereiten. Fasst man alle anfallenden Arbeiten zusammen, sind Frauen effizienter als Männer in deren Ausführung. Männer müssen mehr Zeit für Subsistenzarbeiten aufbringen, da die Jagd nicht so effizient ist wie das Sammeln. Frauen verrichten

---

[67] Terray. 1974. Seite 101

mehr Hausarbeit als Männer, während die Männer im Verlauf eines Tages länger arbeiten müssen. Frauen kommen oft viel früher vom erfolgreichen Sammeln nach Hause als die Männer von der Jagd. Männer kommen oft erfolglos von der Jagd nach Hause.[68] San Frauen erwirtschaften einen größeren Teil an Subsistenzgütern, obwohl sie weniger Zeit dafür benötigen als Männer. Außerdem verrichten sie ein beachtliches Maß an Mehrarbeit auf dem Gebiet der Reproduktion. Sie kommen früher nach Hause, verbringen deshalb mehr Zeit mit den Kindern und kümmern sich mehr um deren Erziehung. Oft nehmen sie ihre Kinder zum Sammeln mit, während dies bei der Jagd erst ab einem bestimmten Alter möglich ist. Trotzdem kommt Lee zu dem Schluss, dass der Arbeitsaufwand für Frauen und Männer im Vergleich ausgeglichener ist als in anderen Gesellschaften.[69]

Die Sammeltätigkeit unter Wildbeutern gilt als Garantie für ihre Subsistenz. Man könnte in diesem Zusammenhang durchaus argumentieren, dass im Laufe menschlicher Adaptation zuerst gesammelt und dann gejagt wurde, wobei sich die Jagd als spezielle Form des Sammelns aus der bereits durch das Sammeln entstandenen sozialen und technologischen Grundlage heraus entwickelt hat.[70]

Der Umstand, dass in der San Gesellschaft ein Geschlecht das andere nicht dominiert, hat – wie sich zeigen wird – neben wirtschaftlichen, vor allem ideologische Gründe. Dazu betrachten wir jetzt die Kooperationsform und die Arbeitsorganisation. Im Allgemeinen sichert die Subsistenzgüterproduktion den Fortbestand einer lokalen Gemeinschaft. Die produzierten Konsumgüter dienen dem Eigenkonsum und die Wirtschaft soll in diesem Sinne als eine nach innen auf die eigene Gemeinschaft gerichtete egalitäre Ökonomie gesehen werden.[71] Die primären Arbeiten der Nahrungsproduktion vollziehen sich außerhalb der Wohnstätten. Die sekundären Arbeiten, wie die Zubereitung der Nahrung und deren Konsum sowie die Produktion von Tauschgütern, finden innerhalb des Wohnplatzes statt.

Das Sammeln obliegt hauptsächlich, wenn auch nicht ausschließlich, den Frauen und wird im Rahmen einer einfach beschränkten Kooperation ausgeführt.[72] Es gibt keine besonderen Richtlinien, die bestimmten Personen vorschreiben in bestimmten Gruppen miteinander oder voneinander getrennt zu sammeln. Die Frauen formen Sammelgruppen auf einer ad hoc Basis. In kleineren Lokalgruppen wird oft zusammen in einer Art Kreis gesammelt, während sich in größeren lokalen Gemeinschaften mehrere kleine Sammelgruppen bilden. San Frauen sammeln höchst selten alleine, sondern eher für sich, jeweils in der Nähe der Gruppe.[73] Obwohl es keine ausdrücklichen Regeln bezüglich der Zusammensetzung der Sammelgruppe gibt, weist Marshall darauf hin, dass sich die Komposition entweder nach Verwandtschaft oder Freundschaft richtet.[74] Sie richtet sich

---

[68] 1982. Seite 276 ff.
[69] Ibid.
[70] Ziehlmann. 1981. Seite 108
[71] Hanser. P. 1984. Seite 311
[72] Terray. 1974. Seite 114; Lee. 1982. Seite 235
[73] Shostak. 1982. Seite 206

folglich nicht nur nach rein ökonomischen Gesichtspunkten, was einer traditionell marxistischen Analyse – welche die Organisationsprinzipien der Produktion nur in ihrer ökonomischen Basis sieht – Probleme bereitet. Sahlins weist auf diese Problematik hin und auf Godelier und Terry Bezug nehmend, schreibt er: *"The determination of the main organisation of production at an infrastructural level of kinship is one way of facing the dilemma presented by primitive societies to Marxist analyses, namely, between the decisive role accorded by theory to the economic base and the fact that the dominant economic relationships are in quality super structural, e.g. kinship relations".*[75]

Der von Terry aufgezeigte Analyserahmen trennt die verschiedenen bestimmenden Faktoren der Produktionsweise nicht voneinander, sondern erkennt ihre Interdependenz und er unterstreicht: *"Die konkreten gesellschaftlichen Verhältnisse, die von Ethnologen gefunden werden, sind das Ergebnis einer mehrfachen Kausalität".*[76] Lees Aufzeichnungen unterstützen die Beobachtungen von Marshall und er fügt noch hinzu, dass in Sammelgruppen auch oft Personen mitarbeiten, die zu Besuch gekommen sind.[77]

Zusammenfassend kann festgestellt werden, dass sich kein formales oder informales System von Führung und Autorität bei der Ausführung des Sammelns findet, von der Autorität Erwachsener ihrer Kinder gegenüber einmal abgesehen.

Jetzt sind wir an der Betrachtung dieses Prinzips bei der Jagdtätigkeit angekommen. Die Jagd obliegt hauptsächlich – wenn auch nicht ausschließlich – den Männern. Frauen nehmen nicht an der Jagd der Männer Teil, sie erlegen jedoch kleine Tiere auf ihren Sammelzügen. Im Produktionsbereich der Jagd findet man entweder die individuelle Jagd mit Pfeil und Bogen beziehungsweise das Fallenstellen oder eine Jagdform in kleinen Gruppen von bis zu vier oder fünf Jägern, die entweder ein großes Tier verfolgen oder – wenn bereits erlegt – zurück ins "Dorf" bringen. Die Zusammensetzung der kleinen Gruppen, die ein Tier verfolgen, formt sich freiwillig und spontan. Es gibt keine Kategorien wie zum Beispiel Altersgruppen unter den Männern, die von der Jagd ausgeschlossen sind. Das gilt auch für Männer anderer Lokalgruppen, die zu Besuch gekommen sind.[78]

Die Kooperationsform der Jagd ist einfach und es kommt zu keiner Spezialisierung. Man findet eine Art zwangslose Führung, die weder bindend noch über die Jagd hinaus wirksam ist. Es kommt zwar vor, dass sich in einer Lokalgruppe die Menschen um einen besonders erfolgreichen Jäger scheren, aber diese Art von Popularität dauert nur so lange wie der Erfolg beim Fleischbeschaffen. Diese Umstände zwingen niemanden zu bestimmten Personen bestimmte Beziehungen einzugehen

---

[74] 1976. Seite 98
[75] 1972. Seite 98
[76] 1974. Seite 102
[77] 1982
[78] Marshall. 1976. Seite 131

und aufrecht zu erhalten, besonders auch weil die Möglichkeit dazu aufgrund der ständig wechselnden Zusammensetzung der Lokalgruppen gar nicht gegeben ist.[79]

Ähnlich wie beim Sammeln, zeigt sich auch bei der Jagd, dass es kein formales oder informales System von Führung und Autorität gibt, und auch ein solches System vorhanden wäre, wird es nicht über das Andauern der Jagdtätigkeit hinaus in andere Gesellschaftsbereiche übertragen. Bevor eine Betrachtung des Konsums – und somit der Verteilungsform des gesellschaftlichen Produkts – in Angriff genommen werden kann, sollen zunächst - wie bereits angekündigt – die unterschiedlichen Werte, die diesen Produkten beigemessen werden, untersucht werden. Keine der bekannten Wildbeutergesellschaften basiert ihre Ökonomie nur auf eine einzige Produktionsform. Jägergesellschaften sind auch Sammlergesellschaften. Man sollte deshalb herausfinden, ob und in welchem Maß eine der beiden Produktionsformen die Ökonomie und somit auch die wirtschaftliche Organisation dominiert.[80]

Die binäre Subsistenzproduktionsweise der Wildbeuter produziert zwei hauptsächliche Konsumgüter: das Sammelgut und das Jagdgut. Beide Bereiche sind nicht klar voneinander getrennt, sondern gehen zum Teil ineinander über und ergänzen sich. Sie bilden zusammen mit der Produktion anderer Güter als die der Konsumgüter die Gesamtproduktion dieser Gesellschaft. Geht man davon aus, dass das Produkt der Sammeltätigkeit der Frauen, nämlich hauptsächlich vegetarische Nahrung, einen höheren Anteil an der Subsistenzproduktion darstellt als die Jagd könnte man a priori davon ausgehen, dass die Sammeltätigkeit einen höheren Stellenwert einnähme als die Jagd. Das ist jedoch nicht der Fall. Die Jagd und deren Produkt nehmen einen zentralen Platz im Leben der San ein.[81]

Wir begeben uns somit auf das Gebiet der Ideologie, denn die zentrale Rolle die der Jagd und dem Fleisch zukommt, ist ideologisch begründet. Die folgende Argumentation soll darüber Aufschluss geben.

Die Jagd ist im Vergleich zum Sammeln eine unsichere Angelegenheit, die nicht immer Erfolg bringt, und ihr Produkt ist deshalb begehrter als die täglich wenig variierende vegetarische Nahrung. Shostak schätzt die Erfolgsrate eines guten Jägers auf 25%, das heißt nur jede vierte Jagdzug hat Erfolg. Im Gegensatz dazu steht die Erfolgsrate der Sammeltätigkeit, die nur im Fall einer langen Trockenperiode gering ist. Fleisch ist daher im Gegensatz zu der gleich bleibenden Grundkost etwas Kostbares und alle erwarten die Fleischzuteilung auf äußerst emotionale Weise.[82]

---

[79] Andrade. 1979. Seite 164
[80] Godelier. 1973. Seite 263
[81] Lee. 1982. Seite 205
[82] Shostak. 1982. Seite 64;

Das für den Jäger gefährliche Zusammenspiel von Natur und Mensch macht die Jagd interessanter als das Sammeln von Feldfrüchten, und damit erklärt sich, dass die Jagd das Material bietet aus dem Erzählungen, Legenden sowie Motive der Höhlenmalereien bestehen.

Die Jagd bietet den Jungen der San Gesellschaft im Alter von fünfzehn bis achtzehn die Möglichkeit unter Beweis zu stellen, dass sie heiratsfähig sind.[83] Das erstmalige Erlegen eines großen Tieres ist deshalb mit Feierlichkeiten verbunden. Die Jagd bekommt somit im Leben der San einen wichtigen Zeremonialwert, der dem Sammeln nicht zukommt.

Die Hausarbeiten einer Familie werden individuell, nebeneinander, ohne Kooperation oder im Rahmen einer Kooperation ausgeführt. Aufgrund der geschlechterspezifischen Arbeitsteilung findet man innerhalb der Produktion mehrere Produktionseinheiten, deren Größe und Aufbau sowohl von den Produktivkräften und Produktionsverhältnissen als auch von der Kooperationsform bestimmt sind.[84] Das bisher in dieser kurzen Studie behandelte Material zeigt deshalb, dass die Familie bei den Wildbeutern nur im Rahmen der Lokalgruppe und nicht losgelöst von ihr verstanden werden kann. Auf die Schwierigkeit, die bei dem Versuch der Verifizierung einer Theorie der Produktionsweise im Zusammenhang mit der Lokalgruppen bei Jäger- und Sammlergesellschaften auftreten kann, weist vor allem Jeremy Keenan hin. Er geht sogar so weit zu sagen, dass man zu keiner zufrieden stellenden Analyse der Produktionsweise gelangen kann, wenn man sich nur auf die Lokalgruppe konzentriert.[85]

Bei der Untersuchung der San umgeht man diese Schwierigkeit und löst das aus dieser Schwierigkeit entstehende Problem, indem man sich auf das Zusammenspiel von Familie und Lokalgruppe sowohl im Produktionsprozess als auch im Konsumptionsprozess konzentriert. Dabei sieht man, dass jeder einzelne, der zu einer Lokalgruppe gehört, eine Produktionseinheit für sich bildet, was individuelle Tätigkeiten wie die individuelle Jagd, Sammeln oder Hausarbeit angeht.[86] Im Zusammenhang mit den Sammel- und Jagdtätigkeiten, die im Rahmen einer einfachen Kooperation ausgeführt werden, formen die Personen in ihren jeweiligen Gruppen kooperative Produktionseinheiten, so lange diese Aktivitäten andauern. Sieht man die Familie im Kontext der Lokalgruppe, so bildet sie zum einen, aufgrund der Arbeitsteilung unter ihren Mitgliedern, eine Produktionseinheit mit einfacher Kooperationsform innerhalb der Lokalgruppe. Zum anderen stellt sie einen Teil der ganzen lokalen Gemeinschaft als Konsumptionseinheit dar.

Das System der Produktivkräfte mit seinen relativ einfachen technologischen Notwendigkeiten der Arbeitsprozesse in der Produktion und seinen Kooperationsformen innerhalb und der Produktionseinheiten untereinander, resultiert in zwanglosen Kontroll- und Leitstrukturen, die

---

[83] Mädchen werden zu Frauen mit dem Menstruationsanfang. Ibid.
[84] Terry. 1974. Seite 114 ff.
[85] 1981. Seite 18
[86] Terry. 1974. Seite 108

weder an ein bestimmtes Geschlecht noch an eine bestimmte Person langfristig gebunden sind, sondern im Grunde nur während der Andauer der Tätigkeiten gelten. Männer bestimmen nicht wie die Frauen ihre Tätigkeiten ausführen und umgekehrt ebenso wenig.[87]

Nach Terry bestimmt die Struktur der Produktionseinheiten – bei den Wildbeutern, egalitär und kooperativ – die Struktur der Konsumptionseinheiten, was zur Folge hat, dass diese sich entsprechen. Der Konsum und somit die Verteilungsform des gesellschaftlichen Produkts innerhalb der Gesellschaft, wird von den Produktionsverhältnissen bestimmt.[88] Als nächstes Untersuchungsobjekt stehen deshalb die Produktionsverhältnisse an, deren Analyse Aufschluss geben wird, auf welche Art und Weise die politische Organisationsform mit der Produktionsweise verknüpft ist.

---

[87] Shostak. 1982. Seite 206
[88] 1974. Seite 102

3.3.   Die Produktionsverhältnisse der San

Die Produktionsverhältnisse sind jene gesellschaftlichen Beziehungen innerhalb des Produktions- und Arbeitsprozesses, an Hand derer sich die Verteilung von Produktionsmitteln und gesellschaftlichem Produkt abspielt.[89]

Zunächst wird noch einmal auf die Zusammensetzung der Lokalgruppe, deren immanente Struktur den Zugang zu den Produktionsmitteln regelt, Bezug genommen. Danach wird die Lokalgruppe als Konsumptionseinheit zum Untersuchungsobjekt, damit man die Verteilungsform des gesellschaftlichen Produkts erkennen kann. Letztlich wird die lokale Gemeinschaft als Reproduktionseinheit – und somit die Reproduktion der Produktion – untersucht werden.

Bei den San bilden lokale Gemeinschaften von untereinander in interpersonellen Beziehungen stehenden Individuen, die herausgefunden haben, dass sie miteinander leben können, den sozialen Rahmen für die Produktionsaktivitäten.[90] Die interpersonellen Verbindungen beschränken sich nicht nur auf eine lokale Gemeinschaft, sondern ein Wildbeuter kann mit mehreren Lokalgruppen solche Kontakte pflegen. Die Verbindungen sind von verwandtschaftlicher, freundschaftlicher oder ökonomischer Natur und erlauben einer Person den Zugang zu mehreren Gebieten und deren Ressourcen.

Die Lokalgruppen haben im Durchschnitt eine Größe von zehn bis dreißig Personen, deren Zusammensetzung jedoch von Tag zu Tag wechseln kann. Die Organisation dieser Gruppen – Stoff für etliche anthropologische Diskussionen und Kontroversen – tendiert zu größtmöglicher Offenheit, Gegenseitigkeit und Flexibilität. Sie stellen die soziopolitischen Einheiten dar.[91] Ein eindeutiges und rigides Rekrutierungsprinzip, welches den lokalen Gemeinschaften – beispielsweise das der Abstammung – zugrunde liegt, lässt sich nur schwer nachweisen, obwohl Service (1962) – auf Radcliffe-Brown (1930) und Levi-Strauss (1949) Bezug nehmend – postuliert hatte, dass die fundamentale Einheit der Wildbeuter die viri-patrilokale, territoriale und exogame Lokalgruppe darstelle. Neuere Forschungen und diese Studie zeigen jedoch, dass diesem rigiden Modell ein flexibleres vorzuziehen ist.

Die Zusammensetzung einer lokalen Gemeinschaft erscheint eher als das Resultat einer mehrfachen Kausalität: N!ore (Gebiets-) Zugehörigkeit (alle potentiellen Mitglieder), Abstammung, Verbindungen, die über die Verwandtschaft hinausgehen (Namensbeziehungen), Tauschpartner sowie Besucher. Innerhalb einer Lokalgruppe in einem bestimmten Gebiet hat jedes Mitglied freien Zugang zu den Ressourcen und deren Nutzung. Der Zugang zu den Gebieten der lokalen

---

[89] Hanser. P. 1984. Seite 313
[90] Lee. 1982. Seite 55
[91] Meillassoux. 1983. Seite 166

Gemeinschaften untereinander ist durch ein System von reziproken Ausbeutungsmöglichkeiten der Ressourcen gewährleistet, um die Wanderbewegungen den eventuellen klimatischen Schwankungen anpassen zu können. Die Vorstellung vom kollegialen und nicht-exklusiven Landbesitz sowie die persönlichen Beziehungen innerhalb und außerhalb der Lokalgruppe, die eine Person pflegt, führen nicht zu Situationen, in denen eine bestimmte Person oder eine Gruppe von Personen Kontrolle über die Produktionsmittel ausübt.

Im Anschluss wird die Verteilung der gesellschaftlichen Produkte behandelt ohne in die Substantivisten- versus Formalistenkontroverse über die Motivation zum reziproken Teilen und Geschenkgeben eingreifen zu wollen. Es wird hier vielmehr die zentrale Rolle der Nahrungsverteilung innerhalb und zwischen lokalen Gemeinschaften als treibende Kraft für die Verteilung des gesellschaftlichen Produkts hervorgehoben. Wie sich bereits im Zusammenhang mit dem Hxaro Geschenkaustauschsystem gezeigt hat, wird zwischen Formen beim Teilen der Konsumgüter und der Gebrauchsgüter unterschieden.

Die Distribution der Nahrung vollzieht sich auf der Grundlage der generalisierten Reziprozität, welche die teilnehmenden Personen nicht in bestimmte zukunftsorientierte Obligationen verwickelt.[92] Jedes Mitglied einer Lokalgruppe erhält die lebensnotwendigen Konsumgüter, auch wenn es nicht oder nicht mehr zur Konsumgüterproduktion imstande ist.[93] Generell werden alle Sammel- und Jagdprodukte geteilt, vorausgesetzt es wird eine teilbare Menge der einzelnen Produktionseinheiten erbeutet.[94] Als teilbare Menge wird hier eine Menge bezeichnet, die es der jeweiligen Konsumptionseinheit erlaubt über die Befriedigung ihres Eigenbedarfs hinaus zu teilen.

Die Verteilung des Sammelguts vollzieht sich nach bestimmten Regeln, die Lee für die Mongongo, der wichtigsten Feldfrucht der San, folgendermaßen beschreibt: *"Because it is regarded a national resource, the mongongo is widely shared according to specified rules at every stage of its processing through the subsistance system. (...) Close kinsmen and affines frequently ask each other to fill bags with nuts. This service is symmetric with the people of the same age, but it is asymmetric between older and younger people. The San also may fill a bag for a no kinsman campmate, and this appears to be reciprocal. A household owns the nuts in the pile at its doorway. Any member of the household may eat or crack whatever he wants. In addition, siblings, parents, nieces and nephews of the married couple may crack these nuts at any time. It is a common sight for a child from a neighbouring household to sit down at the fire and roast some nuts for herself or himself. (...) Adults are somehow more circumspect about eating nuts of other households. Typically a person comes over to a fire to talk while a householder is roasting nuts. The nuts are shared without comment".*[95]

---

[92] Sahlins. 1972. Seite 231; Vivelo. 1981. Seite 187
[93] Sahlins. 1972. Seite 264
[94] Lee. 1982
[95] Ibid. Seite 200

Mehrere Aspekte werden hier ersichtlich. Erstens veranlassen die Teilungsregeln niemanden die Rolle eines Verteilers zu übernehmen. Zweitens ist dies nur bei Eltern und Kindern der Fall. Drittens vollzieht sich die Distribution des Sammelgutes nicht ausschließlich anhand der Deszendenz, denn Kinder aus Nachbarhaushalten oder Personen, die zu Besuch sind, sind von der Zuteilung nicht ausgeschlossen. Viertens: Da jedes Mitglied eines Haushaltes freien Zugang zu den produzierten Sammelgütern hat, wird der Haushalt somit zur Konsumptionseinheit, was wiederum zusammen mit anderen Haushalten, die Zugang zu ihren Gütern gewähren, die ganze Lokalgruppe zu einer Konsumptionseinheit verbindet. Zwei weitere Punkte, die das Teilen auf der Basis der generellen Reziprozität beinhalten, müssen hier noch betrachtet werden. Fünftens wird von den Sammlerinnen erwartet, dass sie ihre Beute teilen, so dass die Nahrung in der ganzen Lokalgruppe mehr oder weniger gleich verteilt wird.[96] Dieses Erwarten erhält dann einen normativen Charakter, wenn ein gewisses Element der Aufforderung darin enthalten ist, nämlich das Sollen.[97] So wiegt sich ein erfolgloser Jäger oder eine erfolglose Sammlerin in einer gewissen Sicherheit, denn es kann erwartet werden, dass die Beute anderer auch auf sie verteilt wird. Diese Art von Austausch schafft allerdings keine Bindungen, sondern trägt dazu bei, die bereits bestehenden zu erhalten und verstärkt die Kommunikation zwischen Personen.[98] Sechstens wird das Element der Egalität durch ganz bestimmte Regeln, die erfolgreiche Jäger und Sammlerinnen dazu veranlassen sich zurückhaltend zu benehmen, um nicht den Neid anderer zu wecken, unterstützt.[99] Einer potentiellen Etablierung von Machtpositionen auf der Basis ökonomischen Attribute wird folglich ideologisch entgegengewirkt.

Inwieweit die Praxis des Teilens dazu beiträgt, Unstimmigkeiten und Feindseligkeiten im Zusammenhang mit der Nahrungsbeschaffung zu begrenzen, möchte ich jetzt bei der Betrachtung des Fleischteilens untersuchen.

Auch die Distribution des Jagdgutes vollzieht sich auf der Basis der generalisierten Reziprozität.[100] Die Verteilung des Fleisches ist mit einer höheren emotionalen Aufmerksamkeit und komplexeren Teilungsregeln verbunden als die des Sammelgutes, was durch den ideologisch höheren Wert des Fleisches begründet sein kann.[101] Marshall legt den Teilungsregeln der San drei Kategorien zugrunde: erstens die Teilung zwischen nahen Verwandten mit gewohnheitsrechtlichen Zügen. Zweitens die Verteilung unter ferner Verwandten innerhalb der Lokalgruppe und unter denjenigen, mit denen Beziehungen mit Geschenkaustauschcharakter aufrechterhalten werden. Drittens durch den Handel mit den Bantu Nachbarn.[102] Sahlins fasst, sich auf Marshall beziehend, die

---

[96] Sahlins. 1972. Seite 264
[97] Dux. G. 1978. Seite 32
[98] Vivelo. 1981. Seite 187
[99] Shostak. 1982. 64.
[100] Sahlins. 1972. Seite 231; Lee. 1982. Seite 117
[101] Shostak. 1982. Seite 64
[102] Vgl. Sahlins. 1972. Seite 231

Teilungsregeln wie folgt zusammen. Die von dem Jäger oder der Jägergruppe erlegte Beute wird vom ihrem Besitzer nach verwandtschaftlichen Gesichtspunkten verteilt. Gewisse Obligationen ideologischer und ökonomischer Natur müssen von der Person, welche die Verteilung übernimmt, unbedingt beachtet werden. Ein Jäger gibt zuerst den Eltern seiner Ehefrau - und zwar die beste und größte Portion – während er außerdem Verpflichtungen seinen eigenen Eltern, seiner Ehefrau und seinen Nachkommen gegenüber nachkommen muss. Ein weiterer Teil kommt seinen Geschwistern und denen seiner Ehefrau zu. Andere Verwandte und Freunde, die sich in der Lokalgruppe aufhalten, dürfen dabei nicht vernachlässigt werden, wenn auch die Portionen im Falle der letztgenannten klein sind. In einer zweiten Welle von Teilungsaktivitäten, gibt jeder, der Fleisch erhalten hat, an ihre beziehungsweise seine Besucher, Freunde und Verwandte ab. Diese Art der Verteilung hat nach Marshall Geschenkaustauschcharakter.[103]

Die San haben einen effektiven, sich in den Besitzverhältnissen äußernden Mechanismus entwickelt, um einem guten Jäger nur eine geringe Chance zu bieten, sein Jagdglück politisch auszunutzen. Die Jagdbeute gehört nicht dem Jäger, der die Beute erlegt hat, sondern sie gehört demjenigen, dem der Tötungspfeil gehört.[104] Der Besitzer des Pfeils muss nicht unbedingt an der Jagd teilgenommen haben, denn die San benutzen üblicherweise alle möglichen Pfeile, die sie Hxaro ausgetauscht haben und somit können auch Frauen zu Fleischbesitzerinnen werden.[105]

Dies hat, wie es scheint, zwei Gründe. Erstens wird die Teilung der Beute als eine delikate und diffizile Angelegenheit angesehen, denn obwohl eine verteilende Person durch häufige und reichliche Teilung Prestige gewinnen kann und somit ihre Beziehungen innerhalb der Lokalgruppe verstärkt, kann sie leicht in eine Situation geraten, in der ihr von den anderen vorgeworfen werden kann, dass sie die Teilungsregeln nicht beachte. Zweitens wird versucht zu verhindern, den Jäger und die Beute in direkte Beziehung zu setzen. Dazu schreibt Marshall: *"There is much giving and lending of arrows. The society seems to extinguish in every possible way the concept of the meat belonging to the hunter"*.[106] Es gibt Verhaltensregeln mit normativem Charakter, die von einem Jäger oder einer Sammlerin im Falle eines Erfolgs verlangen, sich zurückhaltend zu benehmen, und der Erfolg wird meist von den anderen Lokalgruppenmitgliedern heruntergespielt.[107] Ist ein Jäger oder eine Sammlerin über einen längeren Zeitraum sehr erfolgreich, so wird von dieser Person erwartet zu pausieren, um nicht in Ungunst bei anderen, die nicht so erfolgreich sind, zu fallen.[108] Es wird folglich aus ideologischen Gründen auf eine potentiell reiche Produktionsquelle vorübergehend verzichtet.

---

[103] Sahlins. 1982. Seite 231. Eine vertiefende Studie über den Tausch gibt Maus. M. 1984 (1954). Marshall bezieht sich vorzugsweise auf die Verwandtschaft. Kritik dazu bei Meillassoux. 1983. Seite 197. Weitere Beschreibungen des Fleischteilens auf der Basis der generalisierten Reziprozität in Lokalgruppen und zwischen ihnen geben für die San, Thomas. E.M. 1959. Seite 206 ff.; Schapera. 1930. Seite 148. Lee. 1982. Seite 306 und Shostak. 1982. Seite 64.

[104] Lee. 1982. 247

[105] Lee. Ibid.; Shostak. 1982. Seite 64

[106] 1976. Seite 297

[107] Lee. 1982. Seite 244; Shostak. 1982. Seite 65; Vivelo. 1981. Seite 187.

[108] Vivelo. 1981. Seite 187

Obwohl die Teilung des Sammelgutes und des Jagdgutes im Rahmen einer generalisierten Reziprozität abläuft, sind die beiden Produkte von unterschiedlicher Wichtigkeit für die San Gesellschaft in ideologischer Hinsicht. Obwohl das Jagdgut nicht den Hauptanteil der Nahrung und kein höherer Garant für die Subsistenz einer Lokalgruppe darstellt, laufen über die Jagdgutverteilung Mechanismen ab, die nur einer Person, nämlich der des Verteilers, eine potentiell privilegierte Kontrollstellung, wenn auch nur für die Andauer der Verteilung, zuweist. Diese Position wird in der Regel von einem Mann eingenommen, da dieser den primären Obligationen seinen Schwiegereltern gegenüber nachkommen muss.[109]

Die Fleischteilung erfüllt gerade durch ihre spezifischen Normen einen höheren Erhaltungswert der Kommunikationsverbindungen zwischen Personen im Netzwerk ihrer sozialen Beziehungen, was sowohl durch die intensivere Beschäftigung mit dem Fleischteilungsprozess in der Literatur über die San, aber auch durch die ideologische Wichtigkeit der Jagd im Leben der San selbst, durch Erzählungen, Anekdoten und Höhlenmalerei zum Ausdruck kommt.

Neben der Fleischteilung spielen die Gebrauchsgüterzirkulation und der Geschenkaustausch nach Marshall nur eine sekundäre Rolle, um die sozialen Bande von Personen miteinander zu sichern und eventuelle Unstimmigkeiten und Streitereien einzugrenzen.[110] Zieht man jedoch in Betracht, dass gerade durch das Nahrungsteilen oft Konfliktfälle entstehen können[111] - vor allem dann, wenn es sich um Kontakte zwischen Lokalgruppen handelt[112] - erkennt man die Wichtigkeit des Geschenkaustausches im Hxaro als zusätzliches Mittel zur Verstärkung der gesellschaftlichen Beziehungen.

Da die Wildbeuter durch ihre nomadische Lebensweise bedingt nur wenig tragbaren Besitz mit sich führen, sind auch die Gebrauchs- und Tauschgüter nur von geringer Anzahl.[113] Ihre Bedeutung jedoch ist keinesfalls unwichtig, sondern verbindet viele San über weite Gebiete hinweg. Der Austausch dieser Güter vollzieht sich demnach nicht nur innerhalb sondern auch außerhalb der einzelnen Gruppen.[114] Man sieht am Beispiel des Pfeil Hxaro, wie Fleisch unter Lokalgruppen geteilt werden kann, indem der Besitzer des Tötungspfeils – falls er einer anderen Lokalgruppe angehört – dem Jäger und seiner lokalen Gemeinschaft gegenüber zum Fleischverteilen verpflichtet ist. Der Geschenkaustausch vollzieht sich ebenfalls anhand normativer Regeln, die besagen, dass man ein Geschenk nicht ausschlagen darf und dass man ein Geschenk reziprok mit zeitlicher Verzögerung erwidern soll. Die Geschenkgabe hat eher einen symbolischen als materiellen Charakter und erfüllt somit eine soziale Funktion. Marshall schreibt hierzu erläuternd: *"In reciprocating one does not give the same object back again but something of comparable value. The interval of time*

---

[109] Der Brautdienst wird später im Zusammenhang mit der Reproduktion ausführlicher besprochen.
[110] 1976. Seite 303
[111] Roberts. 1979. Seite 82
[112] Lee. 1982. Seite 336
[113] Ibid. Seite 456.; Marshall. 1976. Seite 300
[114] Sahlins. 1972. Seite 232

between receiving and reciprocating varied from a few weeks to a few years. Propriety requires that there is no unseemingly haste. The giving must not look like trading (…) The San do not trade among themselves."[115]

Einen weiteren wichtigen Aspekt des Geschenkaustauschs, der aus der obigen Beschreibung ersichtlich wird, möchte ich hier hervorheben, nämlich die Langfristigkeit. Die sonst kurzzeitigen Wirtschaftsbeziehungen, welche die San miteinander eingehen, solange sie einer bestimmten lokalen Gemeinschaften angehören, werden derart mit einem langfristigen und überregionalen Austausch verflochten, dass Hxaro Obligationen zwischen Personen bestehen bleiben, auch wenn die ökonomischen und sozialen Beziehungen ihrer Lokalgruppen schon längst abgebrochen und durch neue ersetzt worden sind.

Als nächster Aspekt soll die Reproduktion der Produktion in Betracht gezogen werden. Die San speichern keine Nahrung. [116] Als direkte Folge muss sich die Gruppengröße auf einem Niveau einspielen, das den produzierenden und nicht produzierenden Zugehörigen eine ausreichende Nahrungsversorgung garantiert. Es müssen folglich demographische und ökonomische Aspekte berücksichtigt werden. Die wichtige Rolle der Frauen als Sammlerin des Subsistenzgutes ist bereits bekannt. Sie erfüllen außerdem die Rolle der Reproduzentin der kommenden Generationen. Auch hier gilt unser Interesse der Ergründung der Kontrollstrukturen, die es ermöglichen Einfluss oder Macht auszuüben.

Durch das reziproke Teilen von Nahrung üben die San als Erzeuger direkte Kontrolle über ihre Produkte aus, indem sie die Güterzirkulation der Struktur ihrer Sozialbeziehungen anpassen.[117] Auch bei der Reproduktion ist dies der Fall. Die Frauen dulden im Allgemeinen die Anwesenheit von Männern bei der Geburt nicht. Sie können somit alleine entscheiden, ob die Gruppengröße durch die Praxis des Infantizids klein gehalten werden muss, ohne dass die Männer einen Einfluss auf ihre Entscheidung ausüben können.[118] Die Frauen verfügen demnach über eine direkte Kontrolle der Reproduktion der Produktion.[119] Außerdem entscheiden die Mütter, wer zu welchem Zeitpunkt heiratet.[120] Die jungen Frauen hingegen verfügen nicht über ein erhebliches Maß an Einfluss über ihre Heirat sondern eher über ihre Trennung, die oft auf Initiative der Frau erfolgt.

Das bringt uns zu einem weiteren Aspekt der Reproduktion und zwar dem Brautdienst, der Art und Weise wie ein Mann um eine Frau als Partnerin wirbt. Den Brautdienst, der gewisse Verpflichtungen des Ehemannes seinen Schwiegereltern gegenüber regelt, findet man in vielen Wildbeutergesellschaften.[121] Die Eltern einer heiratsfähigen Frau üben selektive Kontrolle über die Verbindung, die sie mit einem Mann eingehen wird, aus. Männer müssen den Eltern durch

---

[115] 1961. Vgl. Sahlins. 1972. Seite 232
[116] Lee. 1982. Seite 156
[117] Lee. 1982. Seite 71
[118] Shostak. 1982. Seite 451
[119] Godelier. 1980. Seite 298.; Lee. 1982. Seite 451
[120] Lee. 1982. Seite 320.; Shostak. 1982. Seite 41
[121] Lee. 1982. Seite 452

erfolgreiches Jagen beweisen, dass sie im Stande sind eine Familie zu ernähren, was relativ lange dauern kann und zum Zeitpunkt der Heirat kann der Mann sieben bis fünfzehn Jahre älter sein als seine Frau.[122] Der Brautdienst ist allerdings von relativ freiwilliger Natur auf Seiten des Mannes und die Eltern der jungen Frau versuchen deshalb den Mann zu ermutigen lange zu bleiben. Nach der Heirat zieht das Paar normalerweise in die Lokalgruppe ihrer Eltern und der Mann jagt für seine Frau und deren Familie, während ihm die Sammelgüter zugute kommen. Trotzdem könnte man aufgrund der ständig möglichen Wechsel in der Lokalgruppenzusammensetzung nur schwer rigide Residenzregeln bei der Heirat (Uxori- - bzw. Virilokalität) etablieren, zumal die genealogische Kerngruppe (N!ore) einer lokalen Gemeinschaft aus Mitgliedern beider Geschlechter bestehen kann.

In der San Gesellschaft gibt es mehr Männer als Frauen. Die Möglichkeit zu einer polygamen Ehe mit Nebenfrauen ist daher vom Frauenpotential her sehr beschränkt. Aber auch in den Augen der San ist ein solches Heiratsarrangement äußerst unbeliebt, weil es zu vielen Streitigkeiten zwischen den Eheleuten kommen kann und man findet polygame Ehen nur selten. Wie bereits erwähnt sind es oft die Frauen, die sich von den Männern trennen. Die Scheidungsregeln sind sehr einfach und fordern keine Ausgleichszahlungen wie zum Beispiel Brautpreis oder Mitgift etc. Das Heiraten ist nicht sehr kompliziert: das Ehepaar zieht zusammen. Die Einfachheit der Eheschließung beziehungsweise –trennung zeigt auch wie relativ freiwillig der Brautdienst ist, denn eine Trennung zieht keine abschreckenden Nachteile für die Teilnehmer im Austauschprozess nach sich.[123]

Wie sich zeigt, resultieren die Kontrollfunktionen der Reproduktion in keiner dauerhaften Struktur, die formale Zwangs- und Autoritätspositionen auf lange Sicht für Einzelpersonen oder Gruppen schafft. Wir kommen somit zu einer gleichartigen Analyse der Produktionsweise der Mbuti.

---

[122] Ibid.
[123] Shostak. 1982. Seite 103

3.4.   Die Produktivkräfte der Mbuti

Ich möchte die Mbuti, wie ich es bei den San getan habe, in ihrem Wildbeuterstadium betrachten. Das soll nicht den Eindruck erwecken, dass sie dies auch heute noch wären. Genauso wie die San Kontakt mit ihren Viehzüchter-Nachbarn haben, leben die Mbuit, wenn es ihnen beliebt, in der Nähe von Bantu-Dörfern innerhalb des Regenwaldes. In der Literatur über die Gesellschaften der San und Mbuti werden diese beiden Lebensbereiche oft getrennt behandelt, denn die Wildbeuter hatten zumindest zum Zeitpunkt ihrer Untersuchung noch die Möglichkeit, sich von den Dörfern zu entfernen, um ihrem Wildbeuterdasein nachzukommen, oder sie waren noch nicht in regelmäßigen Kontakt mit sesshaften Kulturen.[124]

Aspekte, welche die Produktionsweise der Wildbeuter auf signifikante Weise durch den Kontakt mit benachbarten Ackerbauern und Viehzüchtern, Feldforschungsreisen von Anthropologen oder durch das Zusammentreffen mit Kolonialverwaltungen beziehungsweise jetzigen Administrationen verändert haben, werden keineswegs außer acht gelassen. Ich werde sie jedoch im Rahmen einer Betrachtung von Wildbeutergesellschaften, die nicht mehr ausschließlich in einer Welt von Wildbeutern leben, nicht gesondert behandeln, sondern – falls nötig – in die Betrachtungsweise integrieren.

Auch bei der Untersuchung der Produktionsweise der verschiedenen Mbuti Lokalgruppen werde ich Produktion und Konsum getrennt im Rahmen des Systems der Produktivkräfte zum einen und im Zusammenhang mit dem System der Produktionsverhältnisse zum anderen betrachten. Da die Mbuti und die San hauptsächlich von der Jagd- und Sammeltätigkeit leben, weisen ihre Gesellschaften viele Ähnlichkeiten auf. Aus diesem Grund werde ich mich bei der Analyse der Produktionsweise der Mbuti darauf beschränken, diese Gemeinsamkeiten und Unterschiede kategorisch aufzuzeigen.

Wie bereits bei den San erwähnt, sind die Produktivkräfte der Produktionsweise als die materiellen Bedingungen – nämlich die Arbeitsmittel und die Kooperationsform – der Produktion zu verstehen.

Auch bei den Mbuti ist die menschliche Arbeitskraft die einzige Energiequelle. Der durch die ständige Mobilität begründete wenige Besitz an tragbaren Gütern, spiegelt sich auch hier in der Einfachheit und der geringen Anzahl von Werkzeugen wider. Man findet hauptsächlich Werkzeuge für die Jagd, Netz und Speer oder Pfeil und Bogen und zum Sammeln Stock und Tragebehelf.[125] Das einfache Niveau der Produktionstechniken jedoch ist ausreichend entwickelt, um Alternativen innerhalb der Produktion zu ermöglichen und man findet Netz- und Bogenjägergruppen, die hier getrennt betrachtet werden.[126]

---

[124] Turnbull. 1966. Seite 150.; Lee. 1982. Seite 432 ff.
[125] Ibid. Seite 167.; Godelier. 1973. Seite 14.
[126] Ibid.

Die nach Geschlecht und Alter ausgerichtete Arbeitsteilung verschafft niemandem auf Dauer Vorteile, obwohl die Frauen den Hauptanteil an der Subsistenzgüterproduktion erarbeiten.[127] Männer können genauso Sammeln und Frauen nehmen im Falle der Netzjagd an der Jagd teil.

Aufgrund der en Arbeitsteilung tendieren die Frauen dazu, vegetarische Güter zu sammeln, Hütten zu bauen und die Nahrung zuzubereiten. Die Männer jagen, fertigen Kleidung an und erstellen wie die Frauen ihre Werkzeuge.

Man findet ein erhebliches Maß an Interdependenz zwischen den Geschlechtern, denn die Männer sammeln beispielsweise den Honig, da die Frauen nicht auf Bäume klettern und diese wiederum fertigen für die Netzjagd den Zwirn an, aus dem die Netze geflochten werden.[128] Auch die Kinder nehmen an den wirtschaftlichen Aktivitäten der Erwachsenen teil und erlernen bereits sehr früh die notwendigen Fertigkeiten für das spätere Leben.[129]

Das Prinzip der Arbeitsteilung ist nicht so rigide konzipiert wie bei den San, welche die Frauen von der Jagd der Männer ausschließen. Bei den Netzjägern übernehmen die Frauen eine wichtige Rolle als Treiberinnen während der Treibjagd. Bei den Bogenjägern übernehmen die Frauen eine ähnliche Aufgabe, – wenn auch nur für eine kurze Zeit des Jahres während der Begbe Jagd (siehe weiter unten) – denn die Bogenjagd weist einen höheren Grad an Individualität auf als die kollegiale Netzjagd.

Nicht nur die Kooperationsformen der Jagd, die im Anschluss behandelt werden, können als Grund für die weniger rigide Arbeitsteilung zwischen den Geschlechtern angeführt werden, sondern auch die Tatsache, dass die Mbuti in ihrer Verwandtschaftsterminologie nur für die Elterngeneration in eindeutig abgegrenzte Geschlechtstermini unterscheiden und dass die Altersgruppenzugehörigkeit eine signifikante Rolle – neben dem Geschlecht – bei der Arbeitsteilung spielt.[130] Folglich kommen der Altersgruppe der ältesten verheirateten und nicht heiratsfähigen Jugendlichen sowohl die Hauptarbeiten der Subsistenz als auch andere Aktivitäten zu, und man findet die Angehörigen dieser Altersgruppen nebeneinander als Treiberinnen und Treiber bei der Netzjagd.[131]

Im Allgemeinen sichert die Subsistenzgüterproduktion den Fortbestand einer lokalen Gemeinschaft. Die produzierten Konsumgüter dienen hauptsächlich dem Eigenkonsum. Es wird zwar mit den benachbarten Bantu-Dörfern gehandelt, aber die Überproduktion besonders von Fleisch als Handelsgut wird nur selten und mit einigem Widerwillen ausgeführt, denn die Mbuti verstehen die Tiere als Gabe des Waldes an sie.[132]

---

[127] Godelier. 1973. Seite 14.; Turnbull. 1981. Seite 219
[128] Turnbull. 1966. Seite 167
[129] Ibid. Seite 152
[130] Ibid. Seite 151 und 1981. Seite 219
[131] Ibid.
[132] Ibid. Seite 160

Auch in diesem Fall soll die Wirtschaft als eine nach innen, auf die eigene Gemeinschaft gerichtete, egalitäre Ökonomie betrachtet werden.[133] Die primären Aktivitäten der Subsistenzproduktion vollziehen sich außerhalb der Wohnstätte, während die sekundären Arbeiten sowie andere Aktivitäten und der Konsum innerhalb des Wohnplatzes stattfinden.

Die Kooperationsform und die Arbeitsorganisation während des Sammelns bei Netz- und Bogenjägergruppen erfolgt auf ähnliche Weise und wird hauptsächlich von Frauen und Mädchen im Rahmen einer einfachen Kooperation ausgeführt.[134] Während der Netzjagd formen befreundete Frauen und Mädchen informelle Sammelgruppen. Die Sammelgüter werden nach der Jagd, bei der die Sammlerinnen als Treiberinnen mithelfen, in Körben zusammen mit der Jagdbeute zurück zum Lagerplatz gebracht. Auch die Männer sammeln, falls sie während der Jagd Nahrung finden. Da sie jedoch keine Tragebehelfe mit sich führen, ist die gesammelte Menge entsprechend klein. Im Vergleich zur Netzjagd ist das Sammeln bei den Netzjägern eine relativ individuelle Angelegenheit. Bei den Bogenjägern – bei denen sich die Frauen nur für eine kurze Zeit des Jahres an der Jagd beteiligen – formen sie kleinere Gruppen von zwei oder drei Personen die zusammen sammeln.

Die Zusammensetzung richtet sich generell nach Freundschaft oder Altersgruppenzugehörigkeit, und es gibt ähnlich wie bei den San kein formales System von Führung bei der Ausführung des Sammelns.[135]

Da die Jagd mit Pfeil und Bogen hauptsächlich mit Giftpfeilen stattfindet, hatte die Einführung von eisernen Pfeil – und Speerspitzen durch die Dorfbewohner nur einen geringfügigen Einfluss auf die Jagdeffizienz der Mbuti.[136] Die Jagd bei den Bogenjägern obliegt hauptsächlich den Männern und wird, falls nicht individuell, in Form einer einfachen Kooperation ausgeführt, wenn die Jäger in kleinen Gruppen jagen.[137]

Einmal im Jahr findet bei den Bogenjägern die Begbe Jagd statt, eine Zeremonie, die den Beginn des neuen Jahres markiert. Sie entspricht den sonst üblichen Jagdaktivitäten der Netzjäger. Ähnliche Produktionsmittel – wenn auch nicht das Netz – werden eingesetzt und sie erfüllt den gleichen sozialen Zweck wie die Netzjagd der Netzjäger und wird im Rahmen einer komplexen Kooperation ausgeführt.[138] Die Begbe Jagd sowie die Netzjagd der Netzjäger ist immer eine kollegiale Angelegenheit, da alle Gruppenmitglieder, die dazu imstande sind, daran teilnehmen.[139] Diese Jagdform benötigt viele Personen um erfolgreich ausgeführt zu werden. Viele Treiberinnen und Treiber scheuchen die Tiere in die Arme der Jäger, die sie in diesem Fall nicht in Netzen fangen,

---

[133] Vgl.: Hanser. 1984. Seite 311
[134] Turnbull. 1966. Seite 153
[135] Ibid. Seite 178.; Godelier. 1973. Seite 69
[136] Turnbull. 1966. Seite 153
[137] Bogen – und Netzjagdbeschreibungen geben u.a. Turnbull. 1966, Schebesta. 1937, Harako. 1976 und Tanno. 1976.
[138] Zum Begriff der komplexen Kooperation siehe Godelier. 1980. Seite 262.
[139] Godelier. 1973. Seite 69.

um sie zu töten, sondern die Tiere mit Pfeilen und Speeren erlegen, wenn sie aus dem Unterholz kommen.

Während der Zeit der Begbe Jagd formt die Bogenjägergruppe eine kooperative Produktions- und Konsumptionseinheit, die keine Macht- beziehungsweise Autoritätsperson braucht oder anerkennt, da für den größten Teil des Jahres die Gemeinschaft in mehrere kleine Einheiten zerbricht, die ökonomisch und politisch voneinander unabhängig sind.

Während der Honigsaison verhalten sich die Netzjäger – die den Rest des Jahres zusammen umherziehen - genau umgekehrt: sie teilen sich am Anfang der Honigsaison auf, um sich an deren Ende wieder neu zu formieren.[140] Es besteht übrigens kein rein wirtschaftlicher Grund, einmal im Jahr während der Honigsaison kooperativ zu produzieren, denn Honig findet man mehr oder minder das ganze Jahr hindurch. Es ist allerdings denkbar, dass die Mbuti die Honigsaison erfinden, da sie eine jährliche Gelegenheit brauchen, um sich aus politischen Gründen neu zu ordnen. Ohne den Mechanismus der Trennung und des neu Zusammenkommens wäre es nicht möglich, einen Wechsel in der Gruppenzusammensetzung zu erzielen. Während der Honigsaison nämlich werden alte Beziehungen wieder aufleben gelassen und neue geknüpft.[141]

Bevor wir uns dem Konsum – und somit der Verteilungsform des gesellschaftlichen Produkts – zuwenden, möchte ich zunächst noch einige grundlegende und für diese Untersuchung wichtigen Aspekte hervorheben.

Erstens sind es die Jäger und nicht die Treiber, die die Beute erlegen. Bei den Bogenjägern resultiert dies aus der en Arbeitsteilung, die ähnlich wie bei den San ihrer Aktivitäten – mit Ausnahme der Begbe Jagd - getrennt nachgehen. Im Falle der Netzjäger lässt sich dieser Umstand durch die Besitzverhältnisse der Produktionsmittel erläutern, die im Abschnitt der Produktionsverhältnisse im Anschluss behandelt werden.

Zweitens sind die Geschlechter bei Ritualen nicht voneinander getrennt oder ausgeschlossen.[142] Der Übergang vom Mädchen zur Frau wird durch das Elima Fest und der Tod mit den Molimo Festlichkeiten begleitet. Beide Geschlechter nehmen an den Festlichkeiten teil, bei denen der Wald das Objekt eines intensiven Kultes ist.[143] Die Hauptaktivitäten jedoch kommen beim Elima den Frauen und beim Molimo den Männern zu. Bleibt die Jagd erfolglos, kann in Ausnahmefällen auch ein Molimo abgehalten werden.[144]

---

[140] Turnbull. 1966. Seite 162 ff.
[141] Ibid. *"It is essential for them to have an annual occasion in which they come together or split up, respectively, for political purposes".*
[142] Ibid. Seite 151
[143] Godelier. 1973. Seite 70.
[144] Turnbull. 1966. Seite 149

Drittens ist der Zusammenhang von Festlichkeiten und Jagd von Interesse. Das Sammeln wird nicht mit Ritualen oder Magie assoziiert, während dies bei der Jagd vorkommen kann. Die Festlichkeiten des Elima sowie des Molimo sind in der Regel vom Jagdglück – und somit von den Männern – abhängig, denn die Jagd liefert das für die Zeremonien notwendige Fleisch.[145] Obwohl die gesammelten Produkte den Hauptanteil der Subsistenzproduktion darstellen, kommt ähnlich wie bei den San den Jagdprodukten ein ideologisch höherer Wert zu, denn die Jagd und nicht das Sammeln liefert Güter, die bei den Festlichkeiten gebraucht werden.

Viertens ändern sich, im Falle der Trennung und Spaltung während der Honigsaison, die Kooperationsformen der jeweiligen Jägergruppen. Bogenjäger, die sonst individuell arbeiten, jagen kollegial und Netzjäger, die sonst in großen Gruppen jagen, zerstreuen sich in kleinere. Bei den San, die ebenfalls eine öffentliche und eine private Phase im Jahreszyklus kennen, ändern sich die Kooperationsformen nicht. Man findet die San Jäger und Sammlerinnen zu keiner Jahreszeit in großen Gruppen zusammenarbeiten. Selbst in den relativ umfangreichen Lokalgruppen, die während der Trockenzeit in der Nähe der wenigen permanenten Wasserstellen leben, ist dies nicht der Fall.

Die Arbeitsmittel und die Kooperationsform sind jetzt bekannt und wir gehen nun im nächsten Kapitel zu der Betrachtung der Produktionsverhältnisse der Mbuti über.

---

[145] Turnbull. 1966. Seite 161

3.5.   Die Produktionsverhältnisse der Mbuti

Von den Beziehungen, die für eine Analyse der Produktionsverhältnisse relevant sind, möchte ich zunächst die Lokalgruppenzusammensetzung, deren immanente Struktur den Zugang zu den Produktionsmitteln regelt, untersuchen. Dann wende ich mich den lokalen Gemeinschaften als Konsumptionseinheiten zu, um die Verteilungsform des gesellschaftlichen Produkts aufzuzeigen. Letztlich betrachte ich die Lokalgruppe als Reproduktionseinheit und somit die Reproduktion der Produktion.

Die Produktionsaktivitäten der Mbuti vollziehen sich im gesellschaftlichen Rahmen der lokalen Gemeinschaft, wobei es allerdings auch hier nötig ist, zwischen den Bogen- und Netzjägern zu unterscheiden. Wie im Kapitel über die Beziehungssysteme bereits aufgezeigt, kann man nur schwer einen Nachweis über ein eindeutiges Rekrutierungsprinzip für die Gemeinschaften – beispielsweise dem der Dependenz – erbringen, zumal die Autoren oft verschiedener Meinung darüber sind. Ein Konzept, welches sich auf ein rigides System stützt, kann nicht – und das ist ja jetzt bekannt – zu einer zufrieden stellenden Erklärung der ständigen Fluktuation der Lokalgruppenzusammensetzung der San sowie der Mbuti beitragen.

Die Zusammensetzung der lokalen Gemeinschaften basiert auf mehreren Faktoren. Allgemein tendiert sie bei den Mbuti zu einer Bestimmung sowohl durch Altersgruppen und Gebietszugehörigkeit als auch durch die Verwandtschaft. Hierbei jedoch sind die erst genannten Faktoren wichtiger, da die Mbuti weder zwischen Blut- und Affinalverwandten, noch unter den Geschlechtern – mit Ausnahme der Elterngeneration – deszendenzterminologisch differenzieren.

Die Kopfzahl der Netzjägergruppen ist durch die relative Wirtschaftlichkeit der Jagdform bestimmt, denn die Gemeinschaft benötigt eine gewisse Mindestzahl an Personen, um die Produktion ausführen zu können. Sie darf jedoch nicht größer sein als das Versorgungspotential des bewohnten Gebietes.[146] Die Gruppengröße der Bogenjägergruppen kann sehr verschieden sein, da ihre Produktionsaktivitäten individueller organisiert sind und sie ähnelt in dieser Hinsicht denen der San.[147]

Die Nutzung der Gebiete der Lokalgruppen untereinander ist nicht exklusiv und ist durch ein System reziproken Zugangs abgesichert, welches größtmögliche räumliche Flexibilität garantiert. Das von der lokalen Gemeinschaft bewohnte Gebiet gilt als Kollektiveigentum, was jedem Mitglied die Nutzung der Ressourcen offen lässt.

---

[146] Godelier. 1973. Seite 70. Normalerweise sind es sieben bis dreißig Familien.
[147] Turnbull. 166. Seite 162, spricht con ca. drei Familien

Die Aufrechterhaltung von Beziehungen zu Personen in anderen Lokalgruppen – sei es durch Freundschaft, Verwandtschaft oder Tausch – ermöglicht es dem Einzelnen sich verschiedenen Gemeinschaften anzuschließen.[148]

Die kollektive Netzjagd unterscheidet sich nicht nur durch die Kooperationsform von der Bogenjagd, sondern auch durch die Besitzverhältnisse des gemeinsamen Produktionsmittels. Die Netze sind in der Regel im Besitz von verheirateten Männern und die Organisation der Netzjagd, die einen hohen Grad an Kooperation mit sich bringt, richtet sich nach Alter und Geschlecht.[149]

Ob der Netzbesitz Leitungs- und Kontrollpositionen zur Folge hat, erscheint zunächst als strittiger Punkt in der Literatur. Nach Turnbull nehmen die alten und verheirateten Männer eine zentrale Position bei der Netzjagd in der Mitte der aufgespannten Netze ein, während die jungen und unverheirateten Personen am Netzrand verbleiben.[150] Putnam sieht in dieser Zentralposition einen wirtschaftlichen Vorteil für die älteren Lokalgruppenmitglieder, da die Jagdbeute in dieser Position höher ist als anderswo.[151] Harako hingegen vertritt den Standpunkt, dass die Mitglieder der lokalen Gemeinschaft ihre Positionen miteinander tauschen und untereinander rotieren, um somit die potentielle Beute der Jagd auf alle gleich zu verteilen.[152]

Es sieht eher danach aus, dass sich die Fluktuation der Gruppenzusammensetzung auch hier mit einem rigiden Prinzip feststehender Positionen innerhalb der Jagdorganisation nur schwer in Einklang bringen lässt. Auch Turnbull weist darauf hin, dass man keine formalen Machtpositionen findet.[153] Godelier unterstützt diese Ansicht, indem er ebenfalls nicht von Formalmacht bei der Jagdorganisation spricht, sondern in seiner Analyse eher zu einer Autoritätsverteilung zwischen den Geschlechtern und Generationen tendiert, die die Jäger und die alten Lokalgruppenmitglieder – wenn auch nicht auf Dauer – geringfügig bevorteilt.[154]

Als nächster Aspekt der Produktionsverhältnisse wird jetzt die Verteilung des gesellschaftlichen Produkts untersucht. Auch hier soll die zentrale Rolle der Nahrungsverteilung innerhalb und zwischen lokalen Gemeinschaften als treibende Kraft für die Verteilung des gesellschaftlichen Produkts hervorgehoben werden, und es wird besonders beachtet wie sich dabei die Lokalgruppenmitglieder im Kontext ihrer sozio-ökonomischen Beziehungen verhalten.

Die Produktionsgüter aus Sammeltätigkeit und Jagd werden auf alle Mitglieder der lokalen Gemeinschaft verteilt.[155] Dies vollzieht sich ohne direktes Reziprozitätsdenken, welches bestimmte

---

[148] Godelier. 1973. Seite 72
[149] Turnbull. 1966. Seite 154
[150] Ibid.
[151] 1950. Seite 329
[152] 1976
[153] 1966. Seite 157 ff.; 1981. Seite 219
[154] 1973. Seite 69
[155] Godelier. 1973. Seite 69.; Turnbull. 1966. Seite 157

Personen nicht in bestimmte zukunftsorientierte Obligationen mit anderen bestimmten Personen verwickelt.[156] Jedes Mitglied der Lokalgruppe erhält die lebensnotwendigen Konsumgüter, auch wenn es nicht zur Konsumgüterproduktion beitragen kann.[157]

In der Literatur über die Mbuti wird der Verteilungsprozess meist allgemein beschrieben und es wird nur selten zwischen Sammel- und Jagdgütern unterschieden. Trotzdem möchte ich versuchen einige Aussagen über beide Bereiche zu machen. Das Sammelgut wird, ähnlich wie bei den San, mehr als individueller Besitz einer Person oder einer Familie betrachtet und es wird zu einem gewissen Maß geteilt.[158] Diese Teilung vollzieht sich weniger anhand fester Regeln – so wie das Teilen der Jagdbeute – sondern hängt von der Generosität der teilenden Person ab.[159] Geteilt wird innerhalb der Lokalgruppe und zwar erhält jeder einen Teil, der ihn benötigt. Aufgrund einer relativen Regelfreiheit ist es deshalb nicht verwunderlich, wenn nicht viel über die Regeln berichtet wird und es wäre schwierig, ein strukturelles Basisprinzip für die Verteilung des Sammelgutes zu finden.

Vergleichbar lässt sich genauso wenig eine umfassende und genau zutreffende Aussage über ein das Teilen des Jagdgutes zugrunde liegendes Prinzip machen, denn die Meinungen der vielen Autoren fallen dazu recht verschiedenartig aus. Turnbull spricht von gewissen Regeln, die aber nicht immer beachtet werden. Harako behauptet, dass es keine Regeln bezüglich des Teilens im Allgemeinen gebe, Tanno wiederum sieht die Verteilung anhand von Geschlechts- und Alterskategorien, Putnam schlägt vor, dass zunächst innerhalb der Familie und dann in der Lokalgruppe geteilt wird, während Schebesta dies von der Größe des Tieres abhängig sieht.[160] Wie bereits gezeigt wurde, vollzieht sich die Jagd und deren Organisation eher anhand der Unterscheidung und Aufteilung unter den Geschlechtern und Generationen, als anhand der Verwandtschaftsbeziehungen. Außerdem ist bekannt, dass nur verheiratete und somit ältere Männer Netze besitzen.

Eine von Turnbull aufgestellte Liste der Teilungsregeln bei Bogen- und Netzjägern aus sechs verschiedenen Gebieten ermöglicht eine detaillierte Betrachtung, die Verteilungstendenzen erkennen lässt:[161] Nach der Netzjagd erhalten diejenigen, die sich an der Jagd direkt beteiligt haben, die Alten, die Kinder und die Netzbesitzer, die Hauptanteile der Beute, welche anschließend innerhalb der Familien und Freundeskreise weiter verteilt werden. Nach der Bogenjagd erhalten diejenigen, die der Lokalgruppe angehören, die Alten, die Kinder sowie die Hundebesitzer – welche den Netzbesitzern bei der Netzjagd in etwa entsprechen – Fleisch, was wiederum verteilt wird.

---

[156] Sahlins. 1972. Seite 233.; Vivelo. 1981. Seite 187
[157] Turnbull. 1966. Seite 160.
[158] Ibid.
[159] Harako. 1976. Seite 160
[160] Turnbull. 1966. Seite 160; Harako. 1976. Seite 77; Tanno. 1976. Seite 124; Putnam. 1952. Seite 132.; Schebesta. 1930. Seite 244.
[161] 1966. Seite 159/160

Da die Netzbesitzer und Bogenjäger männlich sind, richtet sich die Verteilung der Konsumgüter der Jagd primär nach dem Geschlecht. Die Beute wird danach unter den Generationen (beider Geschlechter) aufgeteilt. Die Aussage von Tanno (s.o.), dass das Teilen nach Generationen ausgerichtet ist, bekräftigt dies. Klar definierte Regeln gibt es anscheinend nicht, was durch den Umstand, dass die Jagd fast immer Anlass zu Streitigkeiten beim Aufteilen der Beute gibt, verstärkt wird. Im Fehlen dieser Regeln äußert sich außerdem der Grad des Egalitarismus dieser Gesellschaft, dessen flexibler normativer Rahmen das ständige Neuverhandeln der Teilhabenden nach sich zieht und ermöglicht. So beschreibt Turnbull den Ablauf des Fleischteilens als eine emotionsgeladene Angelegenheit, die es den Lokalgruppenmitgliedern ermöglicht, Ressentiments und Unstimmigkeiten zu äußern, an deren Auflösung jeder interessiert ist, denn die Kooperationsform – vor allem bei der Netzjagd – lässt sich mit Streitigkeiten nicht vereinbaren. Turnbull sagt dazu: *"This is not to say that sharing takes place without any dispute or acrimony. On the contrary, the arguments that ensue when the hunt returns to camp are frequently loud and long, and appear to be almost deliberately sought. One such example is when someone will evoke the rules of sharing of another band, where perhaps she or he may have a relative. Indeed it is remarkably seldom that the Mbuti will admit to having had a completely successful hunt. As a result, the return of the hunters is the inevitable signal for personal grievances, however far out of context, to be aired and expressed in terms of sharing rights".*[162]

Folgt man Godeliers Argumentation, dass die Kooperation eine Folge der Produktionsweise immanenter formeller Produktionsbedingungen ist, so sieht man erstens, dass die Mbuti aufgrund ihres wirtschaftlichen Interesses an Kooperation Tausch-, Teilungs- und somit Kommunikationssysteme aufrecht erhalten, deren Bestimmung letztendlich – wenn auch nicht ausschließlich – eine ökonomische ist. Zweitens zeigt sich, dass die Fluktuation der Lokalgruppenzusammensetzung in einem System von räumlicher Offenheit mit dem Ziel, die Gruppengröße und das Ressourcenangebot und dessen Ausbeutungsmöglichkeiten anzupassen, eine dauerhafte Etablierung von Führungspositionen nicht ermöglicht.

Damit es erst gar nicht zu einer Situation kommen kann, in der jemand Macht monopolisiert und sich somit Ungleichheit entwickelt, haben die Mbuti – ähnlich wie die San – einen Mechanismus entwickelt, der mit Hilfe von öffentlicher Verspottung individuelle Machtambitionen von beispielsweise erfolgreichen Jägern untergräbt.[163] Dazu gehören auch Verhaltensregeln, die von einem erfolgreichen Jäger verlangen, sich zurückhaltend zu benehmen und somit wird einer potentiellen Etablierung von Machtpositionen auf der Basis ökonomischer Attribute, ideologisch entgegengewirkt.

Als letzten Analysepunkt betrachten wir jetzt, genauso wie im Kapitel über die Produktionsweise der San, die Reproduktion der Produktion.

---

[162] Turnbull. 1966. Seite 158
[163] Godelier. 1973. Seite 70

Aufgrund des Verbots der Einheirat in die Lokalgruppe, aus der die Mutter oder die Mutter des Vaters stammen, und sowohl aufgrund des Gebots, Frauen aus lokalen Gemeinschaften zu heiraten, die weit entfernt vom eigenen Gebiet leben, sind die Mitglieder jeder Lokalgruppe dazu gezwungen, Beziehungen untereinander aufrecht zu halten, um eine Partnerschaft "erlangen" zu können.[164] Somit erfüllt die Reproduktion an sich eine weitere Bindungs- und Kommunikationsfunktion im Netzwerk der Beziehungen der Individuen und Gruppen untereinander.

Durch das Teilen von Nahrung üben die Mbuti als Erzeuger direkte Kontrolle über ihre Produkte aus, indem sie die Güterzirkulation der Struktur ihrer Sozialbeziehungen anpassen.[165] Auch bei der Reproduktion ist dies der Fall. Die Frauen gebären ohne die Anwesenheit der Männer, meist in Begleitung einer Freundin. Erst nach drei Tagen, nachdem sich die Mutter davon überzeugt hat, dass das Kind gesund ist, präsentiert sie es der Lokalgruppe. Über die folgenden Jahre übernimmt sie alleine die Verantwortung für das Kind und dessen Erziehung.[166] Die Männer werden erst später langsam und durch ein Ritual in den Status der Vaterschaft eingeführt, und sie sind sich der Tatsache bewusst, dass *"(...) the most precious commodity, human life, is exclusively in the hands of women".*[167] Außerdem sind es die Mütter die entscheiden, wann und wer geheiratet wird.

Sie verfügen daher über ein erhebliches Maß an Kontrolle über die Reproduktionsbedingungen und somit über die Männer, zumal sie außerdem indirekt den Zugang der Männer zu dem Produktionsmittel "Netz" beeinflussen, denn nur ein verheirateter Mann darf ein Netz besitzen und somit zur Produktion als Jäger und nicht nur als Treiber beitragen.

Die Heirat wird – ähnlich wie bei den San – einfach und ohne "kostspielige" Rituale geschlossen und geschieden, was durch die relativ schwache Kontrolle der Gemeinschaft über das "Paar" erklärt werden kann.[168]

Die Mehrarbeit der Frauen innerhalb der Reproduktion der Produktion als Ausbeutung durch die Männer zu interpretieren, wäre im Falle der Mbuti genauso unangebracht wie im Falle der San, zumal die Frauen gerade über die Reproduktion ein gewisses Maß an Autorität über die Männer erlangen. Das Prinzip der Gleichheit innerhalb der gegenseitigen Abhängigkeit der Geschlechter und Generationen scheint – auch bei den Mbuti – das Prinzip der Unabhängigkeit in der westlichen Gesellschaft zu überwiegen.

---

[164] Godelier.1973. Seite 72
[165] Godelier. 1980. Seite 289
[166] Turnbull. 1981. Seite 211
[167] Ibid. Seite 214
[168] Godelier. 1973. Seite 73

4. Schlussfolgerungen und Ausblick

Dadurch, dass die Wildbeuter im Einklang mit ihrer Umwelt leben, müssen sie ihre Lebensweise an diese anpassen, was in spezifischen Eigenschaften ihrer Produktionsweise zum Ausdruck kommt.

Die nichtsesshafte und umherschweifende Lebensweise verlangt nach einem Minimum an tragbarem Besitz. Nur ein hoher Grad an Mobilität garantiert die Nutzung einer Landfläche, die ausreicht, genügend Nahrung zu erwirtschaften. Die Umwelt bestimmt somit zum Teil die Gruppengröße.

Die Struktur der Wildbeuterlokalgruppen innerhalb und untereinander muss flexibel und offen genug sein, um sich dem saisonal und regional wechselnden Angebot an Nahrung anpassen zu können. Es werden zwar Territorien unterschieden, die es den Lokalgruppen ermöglichen, sich in diesen zu zerstreuen, es gibt aber keine Exklusivrechte über die bewohnten Gebiete, auch weil die lokalen Gemeinschaften oft in ihrer Mitgliedskomposition wechseln.

Der Zugang zum religiösen Bereich der jeweiligen Gemeinschaft steht jedem offen und es gibt keine gesonderten Positionen oder etwa "Ämter", die von nur einer bestimmten Person als Kultdiener alleine und ausschließlich eingenommen werden können.

Die Struktur der wildbeuterischen Produktionsweise ermöglicht nur ein begrenztes Maß an Kontroll- und Leitungsfunktionen, die – zusammen mit normativen Regeln sowie dem sozialen "Druck" der Lokalgruppe auf den Einzelnen – die Etablierung formaler Machtstrukturen zwischen den Geschlechtern und unter den Generationen einschränkt.

Die kurzzeitigen Wirtschaftsbeziehungen, welche die Personen miteinander im Produktionsprozess eingehen, ermöglicht allen, die lokale Gemeinschaft zu verlassen und sich einer anderen anzuschließen, mit der eine Beziehung irgendeiner Art aufrecht erhalten wird. Dieser Umstand, zusammen mit dem Fehlen von strikten Vorstellungen unilinearer Deszendenz und die relative Flexibilität der Heiratsbindungen wirkt ebenfalls auf lange Sicht gegen die Akkumulation von Autorität bei einzelnen Personen, und kann folglich nicht vererbt werden, da dies zur Bildung dauerhafter hierarchischer Machtstrukturen im Rahmen einer geschlossenen Gruppe führen würde.

Die Anwendung des neo-marxistischen Theorieinstrumentariums bei der Analyse der wildbeuterischen Produktionsweise führte zu dem Ergebnis, dass die Jäger- und Sammlergesellschaften zum Zeitpunkt ihrer Untersuchung nur eine Produktionsweise kannten, die als egalitär charakterisiert werden kann. Sie resultiert in dem überwiegenden Maß an Egalitarismus, welches bei ihnen vorzufinden ist.

Der durch den vorgegebenen Rahmen dieser Studie begrenzte Versuch, hauptsächlich die Produktionsweise der Wildbeutergesellschaften als egalitär zu bestimmen, darf nicht in dem Schluss münden, dass diese in einem Zustand von harmonischer Homogenität, ähnlich wie es Fried 1967 postuliert hatte, leben würden.[169] Eine These dieser Art kann aufgrund des jetzigen ethnologischen Wissenstandes nicht mehr aufrecht gehalten werden.[170] In diesem Zusammenhang würdigt Roberts die Arbeiten des deutschen Soziologen Simmel, der erkannt hatte, dass es wahrscheinlich keine soziale Gesellschaftsform gibt, in der die gleichförmigen und gegenläufigen Strömungen zwischen ihren Mitgliedern nicht miteinander verknüpft sind. Mit anderen Worten, Streit ist Gesellschaften immanent, eine Aussage, die durch neueste ethnologische Untersuchungen im Bereich der Konfliktforschung Bestätigung gefunden hat.[171]

Wie am Anfang bereits erwähnt, bietet der neo-marxistische Analyserahmen – im Historischen Materialismus verwurzelt – Aspekte, die eine solche Sichtweise durchaus ermöglichen, denn Widersprüche und Streitfälle in einer Gemeinschaft drücken die vorhandenen und zum Teil gegenläufigen Interessen ihrer Mitglieder aus, und bilden das soziale Leben einer Gesellschaft schlechthin in Form eines Prozesses, in welchem alle Elemente einer Gesellschaft dialektisch aufeinander einwirken. Es wäre folglich denkbar, einer Studie über die Streitregelungsmechanismen einen neo-marxistischen Ansatz zu Grunde zu legen.

Die politischen und ideologischen Autoritätsstrukturen einer Gesellschaft, die an die der Produktionsweise immanenten Leitungs- und Kontrollfunktionen anknüpfen, können nicht nur für das Ausmaß und für die Beschaffenheit von Gegensätzen oder Widersprüchen und den daraus resultierenden Streitfällen relevant sein, sondern auch für die Art und Weise, wie ein Streitfall geregelt wird.[172] Deshalb könnte man die vorliegende Studie über die Jäger und Sammler und die durch die Analyse der wildbeuterischen Produktionsweise erhaltenen Einsichten dazu benutzen, Formulierungen neuer Thesen aus diesem Blickwinkel im Zusammenhang mit Streitregelungsmechanismen voranzutreiben. Dieses rechtsethnologische beziehungsweise rechtssoziologische Anliegen, könnte dann dazu führen, kritisch eine Auseinandersetzung mit Thesen erfolgen zu lassen, die in jüngster Zeit in Untersuchungen über Recht in Stammesgesellschaften Afrikas und Neuguineas formuliert worden sind.[173]

---

[169] Fried. M.H. Seite 71 ff.
[170] Hanser. P. 1985. Seite 344
[171] Roberts. S. 1979. Seite 55. Er nimmt Bezug auf die englische Übersetzung (Wolf, Illinois, 1955) von Kapitel 4 aus Simmels Soziologie (1908); Hanser P. 1985.
[172] Terray. E. 1974. Seite 101
[173] Spittler. 1980. A+b,; Hanser. 1985

5. Literaturverzeichnis

Andrade. J. 1979, The Mbuti Pygmies of Zaire, the !Kung San of Botswana and the Netsilik Eskimo in Northern Canada. Unveröffentlichte Doktorarbeit. LSE. London

Dux. G. 1978, Rechtssoziologie. Stuttgart

Fabian. J. 1965, !Kung – Bushmen kinship: Componental analysis and alternative explanations. Anthropos. 60. 663-718.

Fourie. L.M. 1928, The Bushmen of South West Africa. In: Hahn.C./Vedder.H. and Forie.L. (Hrsg.). The native tribes of South West Africa. 79-106. New York

Fried. M.H. 1928, The evolution of political society. New York

Frere. H.B.1882-3, On systems of land tenure among aboriginal tribes in South Africa. J. Anthropological Institute.12. 258-60.

Godelier. M. 1966, Rationalité en économie. Paris

-1973, Ökonomische Anthropologie. Übers. aus dem Franz. Hamburg

-1980, Kapitel 7 und 8. In: Rossi.I. (Hrsg.) People in Culture. New York

Hanser. P. 1984, Ungleichheit ohne Ausbeutung. Paideuma. 30. 299-329

-1985, Krieg und Recht. Berlin

Harako. R. 1976, The Mbuti Hunters: A study of the ecological anthropology of the Mbuti Pygmies (1). Kyoto University. African Studies. 10. 37-99.

Heinz. H.J. 1966, The social organization of the !Ko Bushmen. Unveröff. Magisterarbeit Universität von Südafrika. Pretoria.

Jensen. J. 1983, Wirtschaftsethnologie. In Fisher.H. (Hrsg.) Ethnologie: Eine Einführung. Berlin

Kahn. S. und Llobera. R. 1981, Towards a new Marxism or a new anthropology. In: Kahn. S./Llobera. R. (Hrsg.). The anthropology of pre-capitalist societies. 263-329

Keenan. J. 1981, The concept of the mode of production in hunter-gather societies. In: Kahn. S./Llobera. R.(Hrsg.). The anthropology of pre-capitalist societies. 2-21.

Klaus. G. und Buhr. M. (Hrsg.)1964, Philosophisches Wörterbuch. Berlin

Lang. H. (Hrsg.)1981, Wissenschaftstheorie für die ethnologische Praxis

Leach. R.E. 1983,(1954), Über politische Systeme im Hochland von Burma. In: Kramer. F./Sigrist. C.(Hrsg.) Gesellschaften ohne Staat: Gleichheit und Gegenseitigkeit. Frankfurt/M.

Lee. R.B. 1969, !Kung Bushmen subsistence: An input-output analysis. In: Vayda. A.P.(Hrsg) Environment and cultural behaviour. New York

-1972, The !Kung Bushmen of Botswana. In: Bicchierie. M.G. (Hrsg.) Hunters and Gatherers today. New York

-1979, The Dobe !Kung. Cambridge University Press

-1982 (1979), The !Kung San. Cambridge University Press

Lee. R.B. und DeVore.I.(Hrsg.) 1968, Man the Hunter. Chicago

-1976, Kalahari Hunter- Gatherers: Studies of the !Kung San and their neighbours. Harvard

Lee. R.B. und Yellen. J.E. 1976, The Dobe-/du/Da Environment. In: Lee.R.B. und

DeVore.I.(Hrsg.). Kalahari Hunter Gatherers. Harvard

Lévi-Strauss. C. 1981,(1949), Die elementaren Strukturen der Verwandtschaft. Frankfurt/M.

Marshall.J. 1957, Ecology of the !Kung Bushmen of the Kalahari. Senior Honors Thesis in

Anthropology. Unveröffentlicht. Harvard.

Marshall. L. 1957, The kin terminology system of the !Kung Bushmen. Africa. 27 .1-25

-1960, !Kung Bushman bands. Africa. 30. 325-55

-1961, Sharing, talking and giving: The relief of social tensions among the !Kung Bushmen. Africa.
31. 231-49

-1976, The !Kung of Nyae-Nyae. Harvard

Mauss. M. 1904-5, Essai sur les variations saisonières des sociétés eskimos: Etude de morphologie

sociale. Ann. Soc.9. 39-132

-1984, (1954), Die Gabe. Frankfurt/M.

Meillassoux.C. 1964, Anthropologie èconomique de Gouro de Cote d´Ivoire. Paris.

-1973, Versuch einer Interpretation des Ökonomischen in den archaischen

Subsistenzgesellschaften. In: Eder. K. (Hrsg.), Seminar: Die Entstehung von Klassengesellschaften.
31-68. Frankfurt/M.

-1983,(1975), Die wilden Früchte der Frau. Frankfurt/M.

Murdock. P.M. 1968, The current status of the world's hunting and gathering peoples. In: Lee. R.B.

und DeVore.I.(Hrsg.) 1968, Man the Hunter. 13-20. Chicago

Putnam. A.E. 1955, Eight years with Congo Pygmies. London

Radcliffe-Brown. A.E. 1930, The social organisation of Australian tribes. Oceania.1. 34-63

-1940, Vorwort. In: Fortes, M.Evans/Pritchard. E.E.(Hrsg.). African political systems. London

Roberts. S. 1979, Order and Dispute. London

Sahlins. M.D. 1972, Stone Age Economics. London

Schapera. I. 1930, The Khosian people of South Africa. London

Schebesta. P. 1933, Among Congo Pygmies. London.

-Revisiting my Pygmy Hosts. London

-Les Pygmées du Congo Belge. Brüssel

Seitz. S. 1977, Die Zentralafrikanischen Wildbeuterkulturen. Wiesbaden

Service. E.R. 1962, Primitive social organisation: An evolutionary perspective. New York

-1977, Ursprünge des Staates und der Zivilisation. Frankfurt/Main

Shostak. M. 1981, Nisa, the life and words of a !Kung woman. Harvard University Press

Spittler.G. 1981a, Konfliktaustragung in akephalen Gesellschaften: Selbsthilfe und Verhandlung. In: Blankenburg. E. u.a. (Hrsg.). Alternative Rechtsformen und Alternativen zum Recht. Jahrbuch für Rechtssoziologie und Rechtstheorie.6. 142-164. Opladen

-1981b, Streitregelung im Schatten des Leviathan. Eine Darstellung und Kritik rechtsethnologischer Untersuchungen. In: Zeitschrift für vergleichende Rechtswissenschaften 1. 4-32

Tanno. T. 1976, The Mbuit net-hunters in the Ituri-Forest, Eastern Zaire: Their hunting activities and band composition. In: Kyoto University African Studies. Vol. 10. 101-132.

Terray. E. 1969, Le marxime derant les sociétes "primitives". Paris.

Thomas. E.M. 1959, The harmless people. London

Turnbull. C.M. 1966, Wayward Servants: The two worlds of the African Pygmies. London

-1968, The importance of flux in two hunting societies. In: Lee. R.B. und DeVore.I.(Hrsg.) 1968, Man the Hunter. 132-137. Chicago

-1972, The demography of small scale societies. In: Harrison. C.A. and Boyce. A.J. (Hrsg.). The structure of human population. Oxford

1981, Mbuti womanhood. In: Dahlberg, F. (Hrsg.). Woman the gatherer. Yale University Press. 205-219.

-1983, The Mbuti Pygmies. Change and adaptation. New York

Vivelo. R.F. 1981,(1987), Handbuch der Kulturanthropologie. Stuttgart

Wiese. B. 1980, Zaire: Landesnatur, Bevölkerung, Wirtschaft. Darmstadt

Wiessner. P. 1977, Hxaro: A regional system of reciprocity for reducing risk among the !Kung San. Unveröffentliche Doktorarbeit. University of Michigan

Ziehlmann. A.L. 1981, Woman as shapers of human adaptation. In: Dahlberg, F. (Hrsg.). Woman the gatherer. Yale University Press.

www.ingramcontent.com/pod-product-compliance
Lightning Source LLC
Chambersburg PA
CBHW070501290526
45790CB00003B/1055